自然も歴史も絶景も！ 半日でも欲ばる旅に「苗木城跡」(P246)

海を渡るだけで
旅気分が盛り上がる不思議
「日間賀島」(P16)

離島ならではの、
ゆる〜い空気が
たまらない
「佐久島」(P56)

色づく季節めがけて
突入しちゃえばいい
「御在所岳」(P36)

汗をかきつつ
山を上ったり。
運動不足も解消だ
「鳳来寺」(P146)

興味があるからこそ
吸収意欲が高まる
「楽器博物館」(P206)

世界が注目する
文化の秘密に触れて
「伊賀流忍者博物館」
(P215)

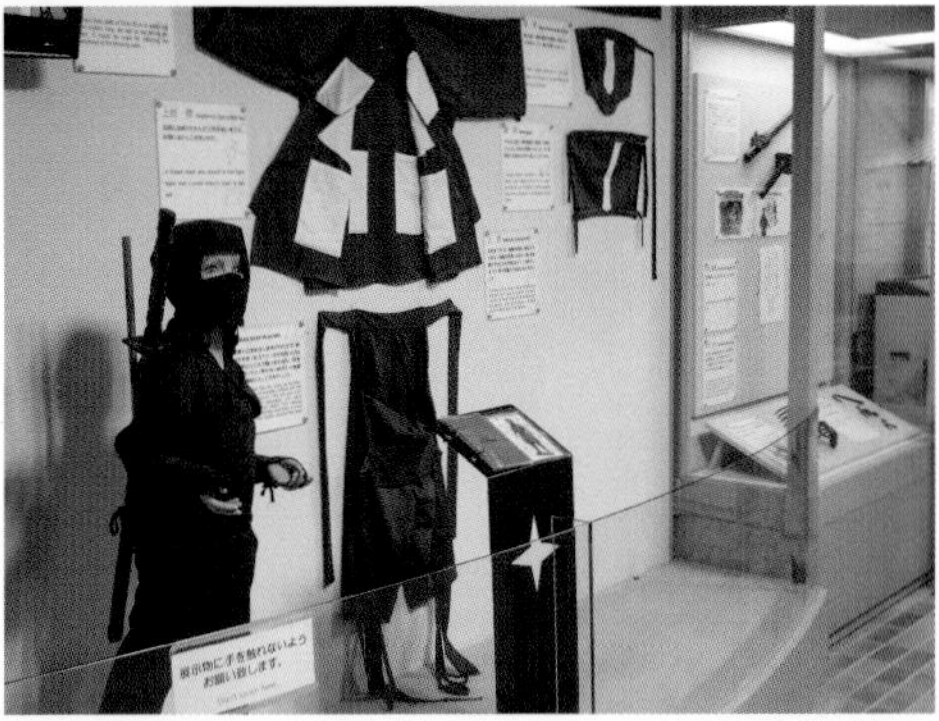

たまには
アート旅で
美的センスを磨く
「モザイクタイル
ミュージアム」
(P197)

歴史を探究する旅に欠かせないのは
想像力かも「斎宮」（P256）

一人でもいい？
いや、むしろ
一人がいいのよ
「松阪の焼肉」
（P120）

自分へのご褒美は
遠慮するべからず
「ミツカンミュージアム」
（P112）

家でぬくぬくではなく、
外できらきらしに
「なばなの里」(P77)

海外に行けなくても
味わえる異国情緒
「リトルワールド」
(P184)

最新より最旬スポットを
狙ってみる
「三河工芸ガラス美術館」
(P227)

美景を求め、宝探しをするように旅するのだ
「うみてらす14」(P100)

名古屋発 半日旅

吉田友和

ワニブックス
|PLUS|新書

はじめに

一回でも多く旅したい

忙しい日常の中で、突然フッと空き時間ができることがある。

どこかへ行きたいけれど、泊まりがけで出かけるほど余裕はない。かといって、家でマッタリするのもなんだかもったいない。

そんなとき、僕は近場でおもしろそうな場所を探して旅に出る。

行き先はさまざまだ。自然を求めて海や山を目指したり、ご当地グルメを目的としたり。そのときどきの気分や季節、天候状況によって選ぶ。計画性のまるでない思いつきの旅だが、行き当たりばったりだからこそ、これがなかなか楽しめたりもする。

休日の予定が決まっておらず、

「今日はどうしようかな……」

と、朝起きてから思案を始めることも珍しくない。そのままなんとなくダラダラしているうちに、気が付いたらお昼になってしまい、慌てて家を出る、なんてパターンも実は割とよくある。とはいえ翌日は仕事だから、帰る時間が極端に遅くなるのも困る。

つまり、旅する時間自体は結構短いのだ。午後だけだったり、夕方からということもある。正味一日も旅していないわけで、「日帰り旅」と言うよりは「半日旅」とでも呼んだほうがしっくりくる。

本書は、そんな気まぐれな我が旅を紹介する一冊である。時間があまりなくても旅は可能である。どんなに忙しくても、半日ぐらいならば自由な時間は確保できるのではないだろうか。


週末だけで海外旅行をするというライフスタイルを長年続けてきた。わずか十日間で世界一周をしたこともある。日本国内になると、さらに短期であちこち行ったり来たりしている。我ながら、忙《せわ》しない旅ばかりだなあと苦笑する。

質よりも量を重視する旅人でもある。いや、この場合「量」というよりも、「回数」と言い換えたほうが言葉の使い方としては正確かもしれない。何のことかというと、旅の頻度についてだ。たまに豪華な旅をするよりも、ひとつひとつは質素でもいいから、とにかく回数多く旅ができればと願う。

トータルの日数が同じだとしても、まとめて旅するよりも、分割したほうがお得感がある、などということを本気で考えてしまう人間である。たとえば三泊四日間の旅を一年に三回するのならば、二泊三日の旅を四回したい。あるいは一泊二日ならば、六回も旅ができる、といった具合に。

ここ数年は、宿泊を伴わない旅が増えている。二泊三日や一泊二日どころか、日帰りである。それも前述したように半日旅が圧倒的多数だ。

短い旅とはいえ、旅であることに変わりはない。どこかへ移動して、観光する。食事をして、ときには買い物もする。ただそれだけなのだが、何らかのアクションを起こすことで少なからずドラマが生まれる。それらがかけがえのない思い出として自分の中に残り、結果的に日々の生活にいい刺激となる。

短いからこそ、そのぶん旅の密度が濃くなるのだとも言える。

――わずか半日でどこまで行けるのか。

――どれだけ充実した旅ができるのか。

本書ではその辺のテーマにも迫っていきたい。当たり前だが、掲載する場所はすべて僕自身が実際に足を運んだうえで紹介する。単なるスポット・ガイドではなく、旅の模様をありのまま綴っていくので、読み物としても楽しんでいただけると幸いだ。

名古屋発 半日旅　目次

Contents

第1章　自然・景観・離島

Contents

第2章　祭り・文化・温泉

第3章　グルメ

第4章　神社・仏閣

第5章　博物館・美術館

第6章　城・日本遺産・史跡

第7章　半日旅の心得

必ずお読みください

●掲載データについて
・電話番号＝各施設の問い合わせ用番号です。現地の番号でない場合があります。カーナビ等での電話番号による検索では、実際の位置とは違った場所を示す場合があります。ご注意ください。
・休 業 日＝原則、定休日のみを掲載しています。年末年始やゴールデンウィーク、お盆や臨時休業などは省略しています。
・料 金＝基本的に大人1名分の料金を記載しています。
・アクセス＝電車でのアクセス方法を1点のみ掲載しています。
・移動にかかる時間などは、おおよその目安時間を記載しています。
※本書出版後に、営業内容や料金などの各種データが変更されたり、臨時休業などによりご利用できない場合があります。改めて事前にご確認ください。また、本書掲載の内容により生じたトラブルや損害などにつきましては、補填いたしかねます。ご了承の上、ご利用をお願いいたします。

新型コロナウイルスの影響により、営業時間・定休日などが記載と異なる場合がございます。事前に各ホームページや店舗・施設にご確認ください。

第1章　自然・景観・離島

01

日間賀島《ひまかじま》

“タコだらけ”の通称「タコの島」——潮風を浴びながら自転車でめぐる

愛知県
知多郡南知多町

「ひまがじま」と打ったら変換できなくて、「ひまかじま」と読むのだと知った。無知をさらけ出すようで恥ずかしいが、離島になるとしばしば難読な地名が登場する。

実は地図で見て気になっていた。クワガタの角のような形をした愛知県の二つの半島のうち、知多半島側の先っぽ、三河湾の沖合いに位置する。

行き方は主に二通りあって、師崎《もろざき》港および河和《こうわ》港から高速船が出ている。近いのは師崎港で、片道約十分。ただし港までの移動がクルマ前提となるため、電車で行くなら河和港のほうが便利だろう。こちらは片道約二十分。今回は師崎港から船に乗った。

船で島旅というと大げさな感じもするが、実際には拍子抜けするほど近い。なにせ、海の向こう側に島が望めるほどで、まるで渡し船のような感覚である。日間賀島には港が二箇所あって、船は東港、西港に接岸していく。栄えているのは西港のほうなので、観光客としては基本的には西港で降りることになる。

師崎港から高速船で島へ。船に乗る瞬間はワクワクする。思っていたよりも乗客がたくさんいて驚いた。

海上から島の様子を眺める。建物も多く、案外栄えていそうな印象を受けた。わずか10分足らずで島に到着。

西港には平屋の小綺麗な建物が建っており、「ひまポ」という看板が出ていた。ひまポって何だろうか……と疑問に思ったが、なんてことはない。どうやら、英語訳の「HIMAKAJIMA PORT」を略す形で名付けた模様。

建物の中には切符売場があって、乗船客の待合室のようになっていた。観光用のチラシなども置かれていたので一通り物色し、とくに目を引かれたのが「きてみて！日間賀島!!」と題した島内地図だった。地図といっても、手書きの内容をコピーしたものである。ものすごくザックリした地図で、これだけだと場所を特定するのは不可能なレベルだが、各名所の説明書きと共にちょっとしたイラストが添えられていたりして、なかなか味があっていい。なんでもこれは島の中学生が作ったものなのだという。

この地図によると、日間賀島の面積は約七百七十平方メートル、人口は一千八百七十二人（二〇一八年時点）とのこと。大きさの割には人が多いなあと感じたが、調べてみると、離島としては日本一の人口密度を誇ると分かり腑に落ちた。

さっそく島内を散策する。西港に近い「いこい」という店で、自転車が借りられるというので行ってみることにした。もちろん、これもその中学生が作った地図から得た情報である。旅行のときはなるべく予習をしない主義で、着いてからこういうローカルな情報ツールを活用するのが我が旅のセオリーなのだ。

レンタサイクルは一時間で五百五十円だという。観光地で自転車を借りるのに一時間単位というのは珍しい。さらには、一時間の料金にしてはやや高い印象も受けたが、のんびり自転車で巡りつつ、素敵な風景を見つけたら停まって写真を撮る。マイペースな島旅が心地いい。

「二十分もあれば一周できますよ」

と言われて納得した。つまり、自転車で島を巡るなら、一時間もあれば十分ということだ。ちなみに歩いたとしても、一周するのに一時間ぐらいだという。やはり、それほど大きな島ではないらしい。

とくに理由はないが、なんとなく時計の反対回りで出発する。潮風を浴びながら、ペダルをきこきこ漕ぐのは心地いい。普段は保育園の送迎に子どもが乗せられる大きな電動自転車を使っているので、非電動タイプのママチャリでゆるゆる走るのが新鮮だ。

五分も走ると、この島の名物が何であるかが理解できた。それをモチーフとしたあれこれが、あちこちに登場するからだ。

何かというと——タコである。日間賀島はタコの島

タコ好きにはたまらない？　写真映えしそうな被写体が島のあちこちに。

として有名なのだ。

たとえば、港の外れに建つ駐在所がタコの形をしていた。ユニークな見た目はつい写真に撮りたくなるほどで、同じ船に乗ってきた観光客はみなここでカメラやスマホを向けていた。ほかにもタコの絵や、モニュメントなど島じゅうタコだらけだ。

日間賀島の秋の風物詩といえるのが軒先で風に揺られる干だこ。「引っぱりだこ」という言葉があるが、その語源になったともいわれている。実は密かにこの風景が見たかったのだが、訪れた十一月初旬の時点ではすでに終わった後のようで、探し回ったがひとつも見られなかった。

タコのほかにもフグも名産のひとつ。タコとフグにかけて、「多幸の島」「福の島」などと呼んだりもするそうで、なるほど上手いこと考えたものだと感心させられる。

ともあれ、ぐるりと島を巡ってみると、漁業が盛んな島であることが改めてわかる。島の北側は漁港になっているのだが、おびただしい数の漁船が停泊していた。その数なんと四百五十隻にも及ぶと聞いて驚いた。約二千人という島の人口と比べると、いかに漁船が多いかがわか

タコのような外観をした可愛らしい建物はなんと駐在所。これは日本一ヘンテコな駐在所かもしれない。

西港周辺の食堂でランチタイム。日間賀島まで来たのなら、やはり本場のタコを味わいたいところだ。

るはずだ。

　とはいえまあ、漁業中心なのは離島ならばそう珍しいことでもない。もうひとつ日間賀島が注目されている理由がある。

「インスタ映《ば》えするスポットもたくさん！」

　これは例の中学生が作った地図に書かれていた文言だ。そう、近年流行りの「映え」でも売り出し中の島なのである。

　一番の見どころとされるのが、「恋人ブランコ」だ。場所は島の東側、海を見渡せる高台の上。大きな木の枝にロープを結び、ブランコを設けている。

　せっかくなのでついでに一目見ようと立ち寄ったら、見事に若い女性二人組の先客がおり、いい歳したおじさんとしては邪魔者になりそうなので素早く退散した。海抜けの絶景を前にしてブランコを漕ぐのは気持ちよさそうだが、ブランコがあるスペースはそれほど広くないため、順番待ちするのもなんだか感じが悪い。

　というより、そもそも場違いな雰囲気だ。乗りながら好きな人の名前を叫ぶと恋人になれるのだとか。もちろん年齢制限などはないが、ここは自粛するのが賢明だろう。

別に水を差すつもりはないが、近頃日本全国で同じようなブランコが大増殖中である。それゆえ、「ああ、またブランコか……」という感想を持ったのも正直なところなのだが、それが人が集まるきっかけになるのなら意義はあるのだろう。

ほかに気になったスポットとしては、「タイルロード」と名付けられた道。海沿いの岸壁に、大きなタイル絵が何枚も並んでいる。それらは島の小学生による卒業制作で、作られた年度が記載されているので、見比べるのもなかなか楽しい。

いわゆる観光名所ではないものの、こういう島のローカルな部分に触れられるスポットというのは個人的にとても心に刺さるものがある。

もし自分がこの島に生まれていたとしたら、一体ど

島にはビーチもあって南国気分に浸れる。夏には多くの人々で賑わうという。ブランコも浜辺の近くだ。

あいにく写真が撮れなかったので、貼られていたポスターを。海へ向かって漕ぐのは気持ち良さそうだ。

んな人生を歩んだのだろうか――ついそんなことを想像してしまうのは歳のせいか。

中学生が作った地図に導かれ、小学生が描いた絵に心を揺さぶられる島旅となった。そういえば、高校はあるのだろうかと疑問が生じたが、日間賀島には高校は存在せず、中学を卒業したあとは船で本土の高校へ通学するのだという。実は検索したら、そんな高校生活を綴った作文がヒットしたのだ。これがまた想像をかき立てる内容で、読んでいるうちに感情移入してしまった。悪天候で船が欠航したら大変だろうなあ、部活とかどうするんだろう……などなど、とりとめのない思考が頭をよぎる。

沖縄などは、こういう本土に比較的近くて、それなりに人が住んでいる島ならば橋をかけて繋げたりする。

仮に日間賀島が知多半島と陸続きになったとしたら、きっと生活が一変するのだろうなあ。無責任な観光客としては、そんな風に好き勝手に想像をめぐらせるひとときにもまた旅の醍醐味を感じるのだった。

01 日間賀島

●住所：愛知県知多郡美浜町大字河和字北屋敷276
●運航時間：ホームページにて要確認
●料金：2720円（往復）
●電話：0569-82-0270
●駐車場：有（71台）
●アクセス：名鉄河和駅から徒歩7分（河和港乗船センター）

※以上、「名鉄海上観光船 河和営業所」情報

02

観光地というよりも、ワールドクラスの秘境！

乳《ち》岩《いわ》峡《きょう》

愛知県
新城市

カーナビには登録されていなかったが、近くまで来たらご丁寧にも看板がたくさん出ていたので迷わずに済んだ。看板に書かれた漢字二文字の地名を見て、いささか恥ずかしさも込み上げてくる。

乳岩——まるで乳房のように見えることから、そう名付けられたという。要するに、「おっぱい岩」である。

登山道の入口にクルマが何台か停まっていた。小さな駐車場だが、いちおうトイレなんかもある。エンジンを切って、出発の準備をする。

歩き始めようとしたら、やたらと注意書きが出ていた。

「足場が悪いので動きやすい服装や登山靴の装備をお願いします」

「遅い時間からの入山は危険です」

気軽な山歩きのつもりでやってきたから、随分と脅すのだなあという感想を持った。スマホの電波が圏外だったのを見て、念のためトレッキングシューズに履き替えたものの、この時点ではまだ楽観視していたのが正直なところだ。

なにせ、乳岩である。おっぱい岩である。冷やかし半分で見物しにやってきた人間としては、そのネーミングのゆるさもあって油断していたのだが――。

結論から言うと、ここはとんでもなく険しいところだった。いや、険しいなんて表現では生ぬるいか。道中には足を滑

歩き始めて間もなくして橋を渡った。朽ちた雰囲気が遺跡のようで絵になる。

らせたら冗談抜きであの世行きではないかと思える箇所もあったりして、ある意味、命がけである。

現地の案内などには、いちおうハイキングコースなのだと書かれていた。どのレベルまでを「ハイキング」と呼ぶのかは人にもよるだろうが、少なくとも自分は誤解を招く表現ではないかと思った。

もっとも、最初のうちはハイキング気分が味わえたのだ。道は割と平坦だし、足場もしっかりしており歩きやすかった。あくまでも最初のうちだけ、だが。

この一帯は流紋岩質凝灰岩から成っており、変化に富んだ地形が見られるのが

小川沿いの岩場の道。雨が降り続いており、濡れた路面がツルツル滑った。

特徴だ。岩盤の上を小川が流れているのだが、その水が透明で美しい。天竜奥三河国定公園に含まれるエリアで、さらには「乳岩及び乳岩峡」として、国の天然記念物及び名勝に指定されている。

コース上にしばしば現れる巨石の数々も見応えたっぷりだ。それぞれが大きいだけでなく、奇妙な形をしていたりして、とくに名所というわけではないのだが、名もなき岩にしては強い存在感を放っている。

こういう山の中に奇岩がゴロゴロしているような場所は個人的に惹かれるものがある。少し前に佐賀県でその名も「巨石パーク」という景勝地を訪れたのだが、なんだか似ているなあという感想も持った。さながら「愛知の巨石パーク」か。

道がハードになってきたのは、鳳来湖《ほうらいこ》へ向かうコースとの分かれ道を過ぎたあたりからだった。おまけに、雨がパラパラと降り続いており、道がぬかるんでいる箇所もある。片側が崖になっているところを、慎重に歩を進めた。ちなみに鳳来湖へ行くほうには「しゃくなげコース」などという可愛らしい名前が付けられていたが、二時間半もかかるというので間違えないようにしたい。

連続するハシゴを上り続けて辿り着いた最上部付近。岩で塞がれた先へ進む。

やがて、行く手に試練が立ち塞がった。大きな、途轍《とてつ》もなく大きな岩が頭上高くに屹立《きつりつ》している。もはや岩というよりも山と呼んだほうが良さそうなほどの巨大さで、見上げるとまるで断崖絶壁のようだが、そこを上るためにハシゴが設置されているのを見て、思わず声が出た。

「えっ……嘘でしょう⁉」

これを上るの？　本当に？　と心の中で続きをつぶやく。

この先へ進むにはこれを上るほかないという事実が信じられないし、信じたくない。上る前からすでに足が竦《すく》んでいた。高いところは得意ではないのだ。

唯一の好材料といえるのが、ハシゴにはいちおう手すりが付いていたこと。というより、この手すりがなかったら上るのを断念したかもしれない。おっかなびっくり情けない顔をしながらハシゴを上った。後ろを振り向くことはできなかったし、写真を撮る余裕さえなかった。こう言うと大げさに聞こえるかもしれないが、自分にとっては旅というよりも冒険という感じだった。

ハシゴは一つではなく、複数設置されており、上へ行けば行くほどスリルが増していった。ようやく歩ける道に辿《たど》り着いたところでホッと一安心したが、雨のせいで岩場の地面がツルツル滑るからまだ気を抜けない。

それにしても、ものすごく巨大な岩山である。標高は六百メートルを超えるのだという。アーチ状になっている場所や、ところどころ洞窟があったりして、ここが日本とは思えない秘境感が漂う。

岩の上にはお地蔵様の姿も見られた。崇《あが》めたくなる気持ちもわかるほど神がかった岩山だ。紛れもないパワースポット。自然の偉大さに平伏したくなる。オーストラリアのエアーズロック（ウルル）へ行ったときのことを思い出したりもした。世界最大級の一枚岩は原住民アボリジニの聖地として知られる。

難所を乗り越えたあとは、コースは下りが続いた。

「これで終わりかしら、あのハシゴがハイライトだったのかな……」

すっかり安堵していたら、ここで最後の分かれ道が現れた。まっすぐ行けばこのまま下山できそうだが、もう一方はここで再び上り道で、長い階段が岩山の内部へと続いて見えた。むむむ……また上るのか。

こんな岩のアーチの絶景、日本では見たことがない。外国の秘境を探検している気分に。

どちらへ行くべきか、しばし逡巡《しゅんじゅん》した。率直に言って気持ちはすっかり帰宅モードだ

階段を上るべきか否か。魔界へでも続いていそうなおどろおどろしさを感じた。

ったが――、ここで自分の中でビビビッと訴えるものがあった。それは旅の勘とでもいえばいいだろうか。

意を決し、我が身を奮い立たせて上ってみた。やはり、旅先での直感には逆らわないほうがいいらしい。分かれ道は、上りが正解だったのだ。

錆びついた階段をミシミシと音を立てながら上った先で待っていたのは、神秘的な世界だった。岩の中が自然に作られたとは思えないほど巨大な空洞になっており、仏像がいくつも安置されている。スピリチュアルという形容が似合う。薄暗く、音もない静寂な空間に一人で佇《たたず》むとなんだか怖くなってくるほどだ。

　上ってきた方向を見下ろすと、岩穴の向こうに山肌を埋め尽くす森の緑が望める。そして、穴の上方にある二つの岩が垂れ下がるような形をしているのを見て、僕は「アッ！」と声を上げた。あれはまさに、おっぱいの形ではないか！

　そうなると、いまいる乳岩の中のこの空間は、位置的に胎内ということになる。現地は圏外だったので、これは後で調べたのだが、祀《まつ》られていたのは子安観音なのだそうだ。なるほど！　そういうことか！　と、色々と腑に落ちたのだった。

岩の内部は紛れもなくパワースポット。振り返ってみると、丸い膨らみがふたつ見えた。

駐車場を出発したのが十四時で、帰還したのが十五時半だった。所要約一時間半と半日旅にはちょうどいい手軽さだが、得られる達成感は大きい。観光地というよりも、秘境である。それも、誇張抜きでワールドクラスといっていいだろう。まだまだ日本国内にも素晴らしい場所があるのだなぁ。

02　乳岩峡

- 住所：愛知県新城市川合字乳岩
- 電話：0536-29-0829（新城市観光協会）
- 定休日：無し
- 料金：無し
- 駐車場：有（10台）
- アクセス：JR飯田線三河川合駅から徒歩25分（タクシー6分）

03

〝紅葉ハンター〟にオススメの奇岩の宝庫
御《ご》在《ざい》所《しょ》岳《だけ》

三重県
三重郡菰野町

日本らしい四季の美景を求め半日旅を繰り返しているが、意外と難易度が高いのが秋の紅葉だ。木々が色づく時期というのは毎年同じようでいて微妙にずれたりもするから、前もって予定を立てにくい。こまめに情報収集して見頃かどうかを見定め、ベストなタイミングを逃さずに訪れる必要がある。

「このぶんだと今週末あたり、いい感じに見頃になりそうだな」

などと狙いを定めるも、当日はあいにくの悪天候というのもよくあるパターン。美しい紅葉が拝めるかどうかは、結局は運の要素も強かったりするのだ。

そういう意味では、ここは紅葉ハンターにやさしいスポットといえるかもしれない。御在所岳である。鈴鹿山脈のほぼ中央に位置する急峻な山は、上から下へと紅葉が順に進んでいく。つまり、見頃の時期が長い。

裏を返せば、それだけ高い山ということでもある。標高は千二百メートルを超える。訪れた十一月初旬の時点では、山頂付近は既に葉はあらかた散っていたが、山の中腹は綺麗に色づいていた。長期間にわたって楽しめるのが御在所岳の紅葉の魅力だろう。

御在所岳といえば三重県内の観光名所としては定番のひとつだが、最近になって色々と新しくなったこともトピックスだ。

まず、アクセスが改善されている。「湯の山かもしか大橋」という大きな橋が開通したことで、路線バスが「御在所ロープウエイ」の乗り場の目の前まで乗り入れるようになった。電車で来るなら近鉄四日市駅から近鉄湯の山線に乗り継ぎ、終点の湯の山温泉駅から路線バスに乗ればいい。今回は自分もこのルートで訪問した。

麓にはゴンドラの実物が展示されていた。いまからこれに乗ると思うと、気持ちが高まる。

また、名鉄バスセンターから御在所岳まで行く高速バスも運行しており、こちらもロープウェイ乗り場前まで行ける。本数は限られるものの、片道約七十分とほどよい移動時間だ。もちろん、クルマで行く手もあるが、公共交通機関だけで気軽に来られる登山スポットは案外貴重である。

バスを降りてまず目に入ったのが、モンベルのお店だった。お馴染みアウトドア・ブランドのフランチャイズ店で、こちらも二〇一八年にオープンしたばかり。最近、日本各地の山でよくモンベルのお店を見かける。同社の製品は自分も長年愛用しているので、旅先で出合うとなんだか嬉しくなるのだった。

本格的に登山をするという人以外は、頂上までは基本的にロープウェイに乗ることになるのだが、これもまた二〇一八年にリニューアルされた。新しいゴンドラでは床面に展望窓がついており、真下を見ることができるらしい。

「らしい」と書いたのは、あいにく自分は乗ることができなかったからだ。ゴンドラは新車両と旧車両が混在しており、並んだ順に乗るため、どちらに当たるかは選べない。紅葉時期ということで非常に混雑しており、乗り場には長い列ができていた。新車両に乗りたいなどとワガママを言うわけにもいかないのだった。

　ロープウェイの定員は八〜十人。団体客とバッティングすると結構待たされたりもするが、約一分おきに出ているので回転はそう悪くない。

　片道約十五分の空の旅なのだが、これが思っていたよりもずっとよかった。グングンと高度を上げるにつれ、岩肌を露《あら》わにした御在所岳の雄姿がババーンと近づいてくる。一方で、上ってきた方向を振り返ると伊勢湾を一望するパノラマの絶景がドドンと広がる。グングン、ババーン、ドドンなのである。

天空を駆け巡る気分に。ロープウェイに乗るだけでも最高に楽しいかも。

ロープウェイを降りた後はリフトに乗り継ぎ、山頂を目指す。吹き付けてくる風が冷たかった。

ダイナミックな景色に見惚れていると、巨大な白い鉄塔が現れた。「六号支柱」といって、道中の見どころのひとつだ。高さは六十一メートルもあり、ロープウェイの鉄塔としては日本一の高さを誇る。紅葉で色づく山にそびえ立つ白い鉄塔と、その横を通り過ぎて行く赤いゴンドラの組み合わせがあまりにも絵になる。

山上《さんじょう》が近づくにつれ、風が強くなってきた。強風に煽《あお》られゴンドラがゆらゆら揺れ始めると、車内から小さな悲鳴も起こった。結構スリリングなのだ。

窓の外に目を凝らすと、登山道を歩いて上っている人がちらほらいることに気がつく。

「すごいわねえ、山ガールかしら……」

先ほど悲鳴を上げていた女性がそんな台詞をつぶやいた。よく見ると結構ご年配の登山客だったので、失礼ながら「ガール」と呼んでいいものかと突っ込みたくなったが、ともあれ、これほどの険しい山を上ろうとする時点で尊敬の念しかない。

麓のロープウェイ乗り場に、「本格的な登山コースです」と注意書きが出ていた。下山でも二時間半〜三時間かかるというからそのハードさが想像できる。

山上の山上公園駅に到着し、ロープウェイを降りると季節がガラリと変わった。樹木はほぼ完全に枯れており、気温はだいぶ低い。秋から冬にチェンジである。

この日は晴天に恵まれ、十一月とはいえ麓はポカポカ陽気に包まれていたほどだったから、すっかり油断していた。風がびゅうびゅう吹き付けてきて凍えそうだ。普段はただの飾りに成り下がっているパーカーのフードをスッポリかぶった。

御在所岳は山上部分が開けている。山上公園と名付

山頂付近でぜひ立ち寄りたいのが「望湖台」。視界が開けており見晴らしが良く、岩場の景観も絵になる。

けられているぐらいで、点在する見どころを歩いて回る楽しみもある。地図を見ると、最奥に位置する御《おん》嶽《たけ》大《だい》権《ごん》現《げん》という社まで一・二キロもある。徒歩だと約二十五分というので、行きか帰りのどちらか一方だけリフトに乗ってみることにした。ロープウエイ駅からリフトに乗り継げるのだ。

「片道だけ乗るなら行きと帰りのどちらが楽ですか?」

と係員に聞いてみたら、同じだという。往復共にいったん坂を下ってから、上る形になる。それならばと、行きにリフトに乗って、帰りを歩くことに決めた。

ロープウエイ駅そばの「朝陽台広場」。天気次第では名古屋市内まで望める。

最奥部に位置する御嶽大権現へ到着。お参りを済ませ、帰りは歩いてロープウェイ乗り場まで戻った。

リフトの乗車時間は約八分。スキー場などでよくあるあの一人乗りのリフトで、ロープウェイと違って全身剥き出しだから風が吹くと正直かなり寒い。ぶるぶる震えながらも、気になる景色を見つけたらカメラを向けた。

リフトを「頂上駅」で降り、五分ぐらい歩いた先にある、「望湖台」と名付けられた展望台へ立ち寄った。ここでいう「湖」とはすなわち琵琶湖のこと。岩場の展望台で、ワイルドな雰囲気なのがいい。

そういえばロープウェイから眺めた景色の中にも、しばしば特徴的な造形の岩や巨石が登場していた。御在所岳は花《か》崗《こう》岩でできた山で、長年の風化・浸食により奇岩も多いのだ。

頂上駅付近には一等三角点があり、絶好の記念撮影スポットになっている。ここが頂上であり、標高が千二百十二メートルなのだと書かれていた。ロープウェイで楽をした身だから、登山の達成感のようなものは感じられないのだが、実はかなり高い山を上ったのだなあと改めてしみじみする。

そんなこんなで御嶽大権現に到着。山頂駅からだと徒歩十分程度だ。お参りを済ませてから引き返す。途中、登山道への分岐があって、間違えないよう気をつけつつロープウェイ乗り場へと歩を進めた。

03　御在所岳

●住所：三重県三重郡菰野町湯の山温泉
●ロープウェイ営業時間：
［4月1日～11月30日］9時～17時（上り線終了）／17時20分（下り線終了）
［12月1日～3月31日］9時～16時（上り線終了）／16時20分（下り線終了）
●観光リフト営業時間：
［4月1日～11月30日］9時30分～16時40分（上り線終了）／17時（下り線終了）
［12月1日～3月31日］9時30分～15時40分（上り線終了）／16時（下り線終了）
※強風などの荒天時、運休の場合あり
●料金：ロープウェイ2450円（往復）
観光リフト［ロープウエイ駅～頂上駅］650円（往復）
●電話：059-392-2261
●アクセス：近鉄湯の山温泉駅からバス10分

※以上、「御在所ロープウエイ」情報

04

猪《い》高《たか》緑《りょく》地《ち》

都会に近いのに「ワイルドな風景」が堪能できる穴場

愛知県
名古屋市

「いい天気」というと、普通は晴れた青空を思い浮かべるが、これはあくまでも日本での常識にすぎない。僕がよく行くタイなどでは、「いい天気」といえば曇り空のことを指す。常夏のかの国では、晴れの日は暑すぎるから「いい天気」ではないのだ。

とはいえ、そんな話も他人事ではなくなってきた。日本も年々暑さが増しているからだ。個人的には、梅雨が明け、蝉がみーんみーんと鳴き始める頃には、クーラーが効いた室内から出る気がなくなってくる。真夏の陽射しはあまりに暴力的であり、曇り空が恋しいというタイ人の気持ちに共感できたりもする。

夏が猛暑に見舞われるがゆえに、それ以外の季節のありがたみが大きくなっているのも確かだろう。とくに尊いのが、春から夏にかけて。だいたい五月ぐらい。具体的には

GW頃から、梅雨入りする前ぐらいまで。いわゆる初夏と呼ばれる季節である。

この時期の気温は暑すぎず、寒すぎずで、そよ風も気持ちいい。蚊などの虫がいないのも大きなポイントで、お出かけしていてストレスが少ない。何より、草木が芽吹き始め、風景が緑豊かなものへと衣替えしていく様に自然のダイナミズムを感じる。

とまあ前置きが長くなったが、そんな新緑の季節にぴったりのスポットを見つけたのだ。猪高緑地である。里山の自然に触れられる大きな公園で、有名な観光地ではないので、ここは穴場と言っていいだろう。

場所は名古屋市の東端。長久手市との境界近く。名古屋駅から地下鉄東山線で乗り換えなしで行ける。終点の一つ手前、本郷駅が最寄りだ。ただし、駅から少し歩くので、クルマで行く手もある。名古屋ICで降りて五分ぐらい。今回は自分もクルマで訪れた。

いずれにせよ、都会に至近である。にもかかわらず、ワイルドな風景が広がり、どこか山の中へでもやってきたかのような手応えが得られる。

「えっ、ここが名古屋市内なの?」と、素直に驚かされたのだ。

緑地内で見られる自然がバリエーション豊かなのもいい。竹林が現れたと思ったら、歩

とくに絶景と感じたのがハンノキ湿地。幻想的な森の風景が広がっていた。

いていくうちに湿地帯に変わったり。木々に囲まれた大きな湖のような風景——溜池なのだという——に目を細めたり。さらには棚田まであるという至れり尽くせりぶりだ。

　静寂に包まれた森の中、流れる水のせせらぎや、風にざわめく葉擦れの音、野鳥のさえずりがやさしく響き渡る。大げさかもしれないが、なんだか楽園のようなところだなぁという感想を持った。

　近くの水場で突然パシャッと水がはねた気がして、視線を足下に落とした。正体は不明ながら、きっと何か生き物なのだろう。ザリガニでも釣れそうな雰囲気である。

緑地内には散策路が設けられている。高低差はあまりないが、歩きやすい靴で来たほうがいいだろう。出発前に予習がてら検索してみると、名古屋市のサイトに地図がPDFでアップされていた。それによると、主に三種類の散策コースがあるようだ。

緑地内には溜池が点在する。一番大きい「塚ノ杁池」はまるで湖のようなスケール。

「井堀の棚田」は東名高速にほぼ隣接。トラックがばんばん走り抜けていく横に田んぼという光景が不思議だ。

水場を目にすると心が安らぐ。猪高緑地は「いたかの森」とも呼ばれている。里山の自然に触れる旅に。

今回は「森の集会所」にある駐車場に停めて、南東側へと歩き始めた。大きな分かれ道となるのが「井堀《いぼり》分岐《ぶんき》」で、ここを左側に進むと、そのまま北側部分をぐるりと一周する形で駐車場へ戻ってこられる。

ちなみに井堀分岐を直進すると「猪高緑地縦断コース」となり、しかも帰りは同じ道を戻ってこなければならないので、それなりに時間がかかりそうだ。時間の限られた半日旅なら、左へ進むほうが効率的かもしれない。短いとはいえ、分岐を左へ進む「北側散策コース」でも十分に満足できるはずだ。

近郊の山など人気のハイキングコースへ行くと、思いのほか人が多くて気を遣うということもあるが、猪高緑地はそういった心配もいらなそうである。ときおり人とすれ違ったが、人口密度は低いという印象だ。束の間ながらも自然を独り占めしつつ、思いっきり深呼吸するだけでしあわせな気持ちになれる。

　首都圏にも、東京から神奈川への県境を越えてすぐのあたりに「生田緑地《いくたりょくち》」というスポットがある。夏にはホタルが見られるほど自然豊かなところで、個人的に頻繁に訪れるほどお気に入りである。

　今回、猪高緑地へ行ってみて、生田緑地のことを思い出したりもしていた。同じく緑地であり、都会の近くという立地も似ている。「いたかりょくち」「いくたりょくち」と一文字しか違わないし。そんなわけで、猪高緑地は生田緑地の名古屋版、などと勝手に呼んだりしているのだが……って、それはまあ余談ではある。

04　猪高緑地

- ●住所：愛知県名古屋市名東区猪高町
- ●電話：052-703-1300（名古屋市名東土木事務所）
- ●駐車場：有（41台）
- ●アクセス：地下鉄東山線本郷駅からバス7分

愛知県一宮市

05

国《こく》営《えい》木《き》曽《そ》三《さん》川《せん》公《こう》園《えん》138タワーパーク

名古屋生まれの友人に「初日の出スポット」と聞いていたが、行ってみて納得。高さ138メートルの展望タワー「ツインアーチ138」に上ると、濃尾平野がパノラマで一望できる。子ども向けの遊具が充実し、家族連れには天国のような公園だ。

●住所：愛知県一宮市光明寺字浦崎21-3
●開館時間：9時30分～17時（入館は16時30分まで）
（8月13日～15日、11月23日～12月25日は9時30分～21時）
●休館日：第2月曜（8月・12月を除く／休日の場合は翌平日）
●入館料金：500円　●電話：0586-51-7105　●駐車場：有（900台）
●アクセス：名鉄一宮駅・JR尾張一宮駅からバス30分

岐阜県恵那市

06

恵《え》那《な》峡《きょう》

ダム建設により生まれた人造湖が名勝に。ダイナミックな奇岩や巨石など、木曽川中流の峡谷美を遊覧船から楽しめる。遊歩道が整備され、歩いて散策するのも気持ちいい。四季折々の自然が見られるが、秋の紅葉は色鮮やかでとくに人気。

●住所：岐阜県恵那市大井町恵那峡2709-79
●電話：0573-32-1790（恵那市ビジターセンター）
●アクセス：JR恵那駅からバス14分

滋賀県甲賀市

07

青《おお》土《づち》ダム

見ていると、吸い込まれそうな半円形の洪水吐《こうずいばき》。それが2基も並ぶ独特の形状は、世界的にも珍しく、ダム・マニアならずとも目を奪われるはず。手つかずの自然ももちろんいいが、あえて自然と人工物のコラボ絶景を狙うのもおもしろい。

●住所：滋賀県甲賀市土山町青土151-4
●営業時間：9時～12時、13時～17時（青土ダム管理事務所）
●定休日：土日祝（青土ダム管理事務所）
●電話：0748-66-0294（青土ダム管理事務所）
●アクセス：JR草津線甲賀駅からタクシー20分

静岡県浜松市

08

中《なか》田《た》島《じま》砂《さ》丘《きゅう》

写真：浜松フィルムコミッション

靴や靴下を脱いで、素足になりたくなる。日本にいながら砂漠気分に浸れる場所は貴重だ。しかも目の前が海というのがズルい。遠州灘海岸の東西4キロにも及び、日本屈指の大砂丘。美しい風紋は、風と砂が織りなす自然のアートのよう。

●住所：静岡県浜松市南区中田島町
●電話：053-452-1634
（浜松市観光インフォメーションセンター）
●アクセス：JR浜松駅からバス20分

第2章　祭り・文化・温泉

09

佐《さ》久《く》島《しま》

美しい自然に溶け込む「アート巡りの島旅」へ

愛知県
西尾市

佐久島に興味を覚えたのは、アートの島として盛り上がっていると聞いたからだ。高齢化や過疎化の問題を抱える中、島を活性化するために始まったのだという。よくある話ではあるのだが、現在の展示方法が始まったのは二〇〇一年というから結構老舗である。

このジャンルでは、過去に新潟県の越後妻有《えちごつまり》や香川県の直島《なおしま》などを訪れたことがある。いずれも現代アートで街興しが成功した代表例といえる存在で、規模も大きく見応えたっぷりだった。美しい自然の中に溶け込むようにして設置された作品を見て回るのは、美術館で鑑賞するのとはまた違った魅力があるし、旅の目的になり得ると感じた。

癒やしとアートの島——佐久島のオフィシャルサイトにはそんなキャッチコピーが躍

晴れの日に狙いを定めて島へ渡った。乗船時間こそ短いものの、船旅はやはり最高に気持ちいいのだ。

る。島旅を愛する者としては心惹かれ、行ってみることにしたのだ。

佐久島へのアクセスには、一色《いっしき》港から出ている高速船を利用する。一日に七本と本数が限られるため、乗り遅れないようにしたい。今回は九時三十分発に乗った。午前中に行くなら最も有力な便といえるだろう。

約二十分ほどの船旅を経て、まず寄港するのが西港だ。佐久島には西港と東港の二つの港がある。西港からは五分で東港に到着する。どちらで降りてもいいが、自分が訪れたときは、ほとんどの観光客が西港で降りていた。地図で確認すると、見どころはどちらかというと西側に多いようだ。

下船した乗客が一斉に同じ方向へ進むので、まずはなんとなく流れに付いていく。すると、港のすぐ近く

黒壁集落では絵になる風景が見られる。複雑に入り組んだ、迷路のような道を探索するのも楽しい。

にレンタサイクルの店を見つけた。

「そうそう、島旅といえば、やはり自転車でしょう！」と、あまり深いことを考えずに借りることにしたのだが——。詳しいことは後述するが、これが結論からいえば失敗であった。

レンタサイクルの料金は一時間三百円、二時間五百円、三時間八百円。一時間じゃ物足りないし、三時間は長すぎるということで二時間に。

潮風を浴びながらキコキコとペダルを漕ぎ始めたのはいいものの、五分も走らないうちに早くも降りる羽目になった。集落内は自転車には乗らずに、歩いて回るようにという注意書きが出ていたのだ。

仕方ないので駐輪スペースに自転車を置いて、テクテクと歩き始める。キコキコからテクテクへ。集落内は道が狭く入り組んでおり、なるほど確かに自転車で走るのも場違いな雰囲気だ。

それにしても特徴的な集落だった。立ち並ぶ建物の多くで、外壁や屋根が黒で統一されているのだ。地図には「黒壁集落」と書かれていたが、まさにそんな感じ。なぜ黒いのかというと、以前、潮風から建物を守るためにコールタールという塗料が用いられていたからで、この景観を残すために保存活動が行われている。「三河湾の黒真珠」などと称されるのだと知り、なるほどと得心した。

この黒壁集落を抜けた先に海岸があって、アート目的で佐久島を訪れた者にと

『おひるねハウス』作者:南川祐輝

佐久島のアート作品といえばこれ。人気スポットなので撮影時は譲り合って。

っては目玉といえる存在の作品が設置されている。その名も「おひるねハウス」。立方体の構造物の中が板で縦横に仕切られている。うちにある本棚と非常に似た形をしているなあと思った。もっとも、サイズはかなり大きく本棚の比ではないが。

海岸に建つというロケーションからして心浮き立つし、付近の集落と同じくこのおひるねハウス自体も黒色で塗られているのも目を引く。アートの存在が歴史ある集落の価値を高めているのが見事だ。

おひるねハウスは、その名の通り、中へ入ってゴロンとすればお昼寝もできそうだが、写真撮影するために順番待ちになっていたりして、残念ながらのんびりできるような雰囲気ではないのだった。

着いて早々に目玉作品を見てしまったが、佐久島内には全部で二十二もの作品がある。駐輪場まで戻って自転車をピックアップし、改めてアート巡りの島旅へとキコキコと出発した。

作品は常設のもので、島の隅々に点在している。おひるねハウスのように大きなものはともかく、中にはそれと分かりにくいものもある。各作品の場所を示す地図を入手していたが、結構ザックリした地図で、それだけではよく分からない。

「この道の先かな……？」

などと勘を頼りに進んでいった。これはこれで宝探しをしているようで案外楽しい。

たとえば、東港へ向けて走って行くと、道端に妙に洒落《しゃれ》たベンチが設置されていて、まさかと思ったらこれも作品だった。題して「すわるとこプロジェクト」。名城大学理工学部の学生たちが企画、制作したものなのだという。

東港まで来ると、沖合いに浮かぶ大島へ続く桟橋の途中に白い大きなオブジェ

洒落たベンチを発見。こういうなにげないものがアートなのもおもしろい。

が設置されていた。「イーストハウス」という作品で、おひるねハウスと同じ人が制作したものだ。遠く対岸にはそのおひるねハウスも見える。あちらは黒でこちらは白と、二つの作品は対照的だ。

島のアートの中でも、個人的にとくに気に入ったのが「ひだまり庵」という作品。元々は公園だったところをリノベーションしたもので、ベンチや東屋などがモザイクタイルで飾り付けられており可愛らしい。スペインのバルセロナにアントニ・ガウディが手がけた有名な公園があるが、なんとなくあれに似ているという感想を持った。海神さまだという小さ

『ひだまり庵』作者：松岡徹

のんびりとした島の空気に触れ、ゆるゆると過ごす。幸せなひとときだ。

な像もシュールな造形で自分好みだ。

「お弁当を持参してここで食べるのもいいなあ」

実は現在行われている佐久島のアートプロジェクトには、「佐久島アート・ピクニック」というタイトルが付けられている。このひだまり庵などは、まさにアート・ピクニックと呼ぶにふさわしい体験ができそうだ。

そんなこんなで島でのアート巡りは大変有意義なものだったが、一方で悩ましい問題もあった。自転車である。意気揚々と借りたはいいものの、正直なところ持て余していた。道はアップダウンが多く、しかも、ひだまり庵などがある島の北部に関しては未舗装で、ほぼずっと降りて手で押すような形になってしまった。

「大丈夫ですか？　この島、自転車厳しいですよね……」

などと、すれ違った人に同情されてしまったほど。滞在中、観光客の姿はちらほら見かけたが、自分以外に自転車を借りている人には会わなかった。

これは後で気がついたのだが、港で入手した「佐久島体験マップ」という観光ガイドには次のように書かれていた。

とはいえ、自転車で走ったら気持ちのいい道もある。島らしい美景を求めて！

――島内観光の足は、まさに観光客自身の足である。

つまり、この島では歩くのがオススメというわけだ。佐久島の面積は百七十三ヘクタール。海岸線の総延長は十一キロ程度で、丸一日あれば島のすみずみまで歩くことができる大きさなのだという。駄目押しのように、次の一文も記載されていた。

――日ごろ、ちょっとした距離でもクルマを使いがちな人に、歩く楽しみを再発見させてくれるのもまた佐久島の魅力のひとつだろう。

ダートの悪路を抜けると、北の岸壁沿

いの比較的走りやすい道に出た。おひるねハウスがあった南部の海岸が穏やかだったのとは対照的に、こちらは海が結構荒々しい印象だ。波飛沫《しぶき》が堤防を越えて道の上にまでかかるほどで、飲み込まれそうで怖い。ビビりながら海沿いを自転車で走って行くと、ぐるりと回って西港へと戻ってきたのだった。

09 佐久島

- ●住所：愛知県西尾市一色町小薮船江東169
- ●運航時間：ホームページにて要確認
- ●料金：830円（片道）
- ●電話：0563-72-8284
- ●駐車場：有（約1000台）
- ●アクセス：名鉄西尾線西尾駅からバス30分（1日5本のみの発着）

※以上、「佐久島行き船のりば［一色港］」情報

10

ぎふ長良川《ながらがわ》の鵜飼《うかい》

時の権力者も愛した「鵜飼」を一度は見ておく——

岐阜県
岐阜市

流域に友人が住んでいることもあって長良川へは何度も遊びに行っているが、そういえば鵜飼を見学したことがないなあと思い出した。

鵜飼、ねえ……。鵜を使って魚を獲るのだという知識はあるものの、実際にどんな感じなのか想像がつかない。そもそも、鵜ってどんな鳥だろう？

興味が募り始めると次々と疑問が湧いてくる。こういうとき、安易に検索はしないのが我が流儀だ。知識として理解するのではなく、実体験を優先したい。百聞は一見に如かず、という言葉もある。調べるよりも見てしまうほうが手っ取り早い。というわけで、行ってみることにしたのだ。

岐阜市内を流れる長良川を、国道二五六号線が長良橋で南北に縦断している。鵜飼が行われるのは、この橋の付近だ。今回はクルマではなく電車で向かったのだが、JR岐阜駅から路線バスが多数出ており拍子抜けするほど簡単に辿《たど》り着けた。

そんなわけで、さっそく鵜飼見学をレポートしたいところだが、その前に紹介しておきたい施設がある。「長良川うかいミュージアム」である。その名の通り、長良川の鵜飼に関する情報が得られる文化観光施設で、長良橋から徒歩圏内にあり、ついでに訪れやすい。

このミュージアム、鵜飼見学するのならいい予習になると感じた。というより、ほぼ必須の

駅からはバスで長良橋へ。車体に織田信長の雄姿が描かれたラッピング・バスが岐阜気分を盛り上げる。

長良川沿いに建つ長良川うかいミュージアム。実際の鵜飼を見る前に予習するなら、うってつけのスポットだ。

立ち寄りスポットと言ってもいいかもしれない。少なくとも自分が知りたかったことは、ここにすべて展示されていたのだ。

長良川の鵜飼の歴史は古く、千三百年以上に及ぶという。その変遷を繙《ひもと》くと、時の権力者たちの名前が次々と出てくるのが興味深い。

たとえば、この地で天下布武を唱えた織田信長は鵜匠を保護し、武田信玄の使者を鵜飼でもてなしたとか。徳川家康が大坂夏の陣の帰りに鵜飼を見学したことがきっかけで、以来、鵜飼で獲れた鮎を鮨《すし》にして江戸へ進献する慣習ができたのだとか。

明治以降、長良川の鵜飼は「宮内庁式部職鵜匠」によって行われているというエピソードには、へえそうなのかと驚いた。現在も「宮内庁式部職鵜匠」の肩書きを持ち、皇室へ鮎を届けるための「御料鵜飼」を行っている。それだけ格式高い伝統技術なのだ。

鵜飼で獲られた鮎は、通常の鮎よりも高級品である。鵜が一瞬で鮎を捕らえ息を止めるため、鮮度が保たれるからだ。鵜飼の鮎かどうかは、くちばしの跡が付いているかどうかで判断できる。付いているものを「鵜鮎《うあゆ》」といい、すなわち最高級品ということになる。

鵜飼見物が庶民にも広まっていったのが江戸時代後期。飲食しながら鵜飼を観覧する行為が、川遊びとして定着していくことになる。現在も鵜飼見学といえば、屋形船に揺られつつ、宴会をしながらというスタイルが一般的である。

逆にいえば、ただ単に鵜飼を見学するだけだと邪道ということだ。一人旅で訪れた身としては、屋形船で宴会などといわれると気後れしてしまうのも正直なところだが、郷に入っては郷に従えである。ちょうど夕食時間に重なるし、鵜飼見物するならやはり食事を兼ねる形で計画を立てたほうがいいだろう。

そんなわけで、ここからはいよいよ鵜飼見学の話に移る。

鵜飼見学はツアー客が多いが、個人でも参加できる。乗船料にお弁当が付いた食事付きの「おまかせパック」というのがあって、3日前までに電話で予約する。通常のものが大人一人五千円で、「デラックス」だと八千円。今回はこのおまかせパックの五千円のほうを申し込んだ。

船着き場の受付で料金を支払い、引換券とお弁当を交換する。さすがは五千円もするだけあって、コンビニ弁当などとは違い豪華な内容だ。詳細は写真で見てほしいが、メ

「おまかせパック」のお弁当はこんな感じ。品数が多く、会席料理のよう。お酒を飲むなら別途用意して。

インは鮎の塩焼きだったことだけ書いておく。鵜飼で獲れたものではないのだとしても、鮎を食べながらだとやはり鵜飼見学のテンションが上がる。

なお、おまかせパックにはお茶が付いてくるが、缶ビールを買って持ち込んだ。船は飲み物の持ち込みがOKなので、お酒などは各自用意しておきたい。

ずっしり重いお弁当を持って坂を下り、堤防の下へ。岸壁に係留されている無数の船の中から、自分が乗る船を探す。船には名前が付いているのだが、「信長丸」「三法師丸」といった岐阜らしいものが多い。念のため補足しておくと、三法師とは信長の孫、秀信の幼名だ。また「令和丸」などという、旬のネーミングを取り入れたものもあった。この日は全部で二十九の船が出るという。

船の出港時間は十八時十五分、十八時四十五分、十九時十五分の三段階となっている。注意点としては、鵜飼自体は一度しか行われないため、どの時間の船に乗っても見学するタイミングは同じになる。船内でゆっくり食事などを楽しみたい人は早い時間に、待つのがイヤなら一番遅い時間がいい。

おまかせパックを選ぶと自動的に十八時四十五分に指定される。とはいえ、時間はそれほど厳密ではないようで、同じ船のメンバーが揃い次第の出発となるようだ。自分が乗った船も十八時二十五分には出港した。

意外だったのは、まず船着き

船着き場には無数の屋形船が停泊している。船名を確認し、自分が乗る船を間違えないようにしたい。

陽が落ちると、続々と船が岸壁を離れていく。明かりが川面を照らし、ゆらゆらと揺らめくさまが美しい。

場から鵜飼の見学場所までは非常に近かったこと。ちょうど長良川うかいミュージアムが位置するあたりだ。十八時四十分頃にはもう到着してしまったのだが、鵜飼の開始は十九時四十五分頃なのだという。なんと一時間以上も船の上で待機しなければならない。いやはや、どうしたものか。

意識的にゆっくり目にお弁当を食べてみたものの、それでもさすがに時間を潰すほどではない。なにせ、一人で乗船している身だ。食べ終わったら途端に手持ち無沙汰になってしまい、スマホをぽちぽちして過ごした。

船は相乗りである。もう一つ驚いたのは、僕以外のお客さんが全員外国人および、外国人に付き添う日本人だったこと。鵜飼なんて、いかにも外国人にウケそうではあるが、英語が飛び交う空間にいると、ここがどこなのかわからなくなってくる。

そうこうするうちに、ドーン、ドーンと大きな音が夜空に鳴り響いた。鵜飼の始まりを告げる花火だ。川沿いにはホテルなどが立ち並ぶが、鵜飼を行う間は一斉に消灯する。またこの間、川沿いの道路は通行禁止になる。車のヘッドライトが明るいからだ。鵜匠が着ている衣装が真っ黒なのも、鵜が明るい色を警戒するためだという。

出航前には鵜匠によるデモンストレーションが行われた。鵜が魚をパクッと捕獲する瞬間は必見だ。

「茨城県日立市で捕獲したウミウという鳥で、ペリカンの仲間なんですよ」

鵜飼中は船頭さんが逐一解説を入れてくれる。なるほど、言われてみれば鵜のとくに脚部などはペリカンのそれに酷似している。シベリアから飛来した渡り鳥なのだという。

この日の鵜飼では、まず「狩り下り」が行われた。鵜舟が一艘ずつ順に川を下りながら漁をしていくさまを、観覧船で併走しながら見学する。

「やはり最初に下る舟が一番鮎が獲れるんですよ」

そうしたら誰が一番に下るのかで揉めないのかと質問した人がいたが、くじ引きで順番を決めるのだという。獲れた鮎は近くの旅館などに納品する。当然ながら、たくさん獲れたほうが実入りはよくなるわけだ。

鵜飼の一部始終を実際に目の当たりにした感想としては、まるでマジックを見ているかのようだった。鵜匠は舳先に立ちながら、縄に繋いだ複数羽の鵜を左手で操っていく。右手ではかがり火に松をくべる。その巧みな手捌きに目を奪われていると、水面がピチャピチャしぶきをあげ、跳ね上がるようにして鵜が顔を出す。

鵜は水中にもぐり、大きなくちばしで魚を丸呑みする。といっても消化するわけでは

あの迫力は写真では伝わらないかも。ぜひ現地へ観に行ってみて。

なく、あくまでも捕獲の手段にすぎない。「鵜呑み」という言葉はまさにここから来ているわけだ。体内に入れた魚がくちばしの先から出てくるのは奇妙な光景である。

実際の食事自体は、一日の仕事を終えた後で別途餌を与えているという。「餌は何を食べるんですか？」と聞くと、「ホッケです」とのこと。ホッケとは……なるほど、さすがは北国からやってきただけのことはある。

すべての鵜舟が狩り下りを終えた後は、鵜飼のフィナーレを飾る「総がらみ」が行われた。川幅いっぱい横一列に鵜舟が並び、一斉に鮎を浅瀬へ追い込んでいく。かがり火がバチバチと炎を燃え上がらせる中、無数の鵜が水中を行ったり来たりしている。見た目からして迫力たっぷりで、圧倒されまくりだ。

鵜飼は開催期間が決まっており、毎年五月十一日から十月十五日までとなっている。日が落ちてからなので、出遅れても大丈夫。意外と半日旅向けといえるかもしれない。

10　ぎふ長良川の鵜飼

●住所：岐阜県岐阜市湊町1-2
●鵜飼開催期間：5月11日～10月15日
（鵜飼休みの日有り。要確認）
●営業時間：8時45分～17時30分
（鵜飼開催中は20時まで）
●出船時間：18時45分、19時15分
●料金：3200円（乗船料のみ）
※要電話予約
●電話：058-262-0104
●駐車場：有（279台）
●アクセス：JR・名鉄岐阜駅からバス20分

※以上、「岐阜市鵜飼観覧船事務所」情報
※令和2年8月現在、食事とアルコール類の持ち込みをお断りしています

11

なばなの里《さと》

寒さに負けず見に行きたい「絶景イルミネーション」

三重県
桑名市

日本を旅するうえでは季節感を意識するようにしている。御在所岳の原稿で秋は紅葉の見頃を見極めるのが難しいと書いたが、さらに悩ましいのが冬だ。自然の景勝地のようなところは大抵オフシーズンで、そうなると見どころが限られてくる。雪景色は風情があるが、半日旅だと北国まで足を運ぶわけにもいかない。

そもそも、寒くなると出歩くのが億劫になるのも正直なところだ。自宅のあたたかい室内でぬくぬく、マッタリ過ごすのもまた大変魅力的なのだが、寒いのを承知のうえでそれでもあえて出かけてみると思いがけない発見があったりもする。

冬らしい美景として真っ先に思い浮かぶのは、イルミネーションである。日が沈むのが早い季節だからこそ、むしろ夜を満喫すればいい。夕方からでも楽しめるという意味では、これぞ冬ならではの半日旅と言ってもいいだろう。

では、具体的にどこへ観に行くか。街角のライトアップも綺麗だが、せっかくなのでイルミネーションの名所とされる場所を狙いたい。「なばなの里」へ向かったのは、名古屋周辺ではとくに名の知られたイルミネーションと聞いたからだ。

「結構混んでるかもねえ……」

などと身構えつつ、午後になってからのんびりと家族で出発したのだった。普段は人混みは避けるタイプだが、イルミネーションは例外だ。人が多いのは正直しんどいが、イルミに限っていえば大規模なもののほうが結果的に満足度は高くなる。

イルミネーションはある意味、花火大会にも似ている。花火大会では何千発、何万発上がるのかが指標になっているが、同じようにイルミもLEDの電球数を競い合っている。やはり電球数が多いもの、すなわち光の量が多いものほど見応えがある。

なばなの里のイルミネーションは電球数の詳細について非公表となっているが、ネットで調べた限りでは、その数は国内屈指という情報も見つかった。

ちなみに電球数が公表されている施設のランキングを見ると、一位こそ長崎「ハウステンボス」だが、二位が東京「よみうりランド」、三位が相模湖「プレジャーフォレスト」、四位が御殿場「時の栖《すみか》」、五位が栃木「あしかがフラワーパーク」と関東のスポットで上位が占められている。いずれも過去に訪問済みなのだが、なばなの里はそれら首都圏の名所にも匹敵する規模という噂を聞いて期待が高まった。

場所は三重県の桑名市である。お隣の県まで遠征するとはいえ、名古屋中心部からクルマで三十分程度で着く。思い立ってサクッと行けるのは素晴らしい。

到着してまず感じたのは、駐車場の広さだ。計五千七百台も停められるという。逆にいえば、それだけ数多くの訪問者がいるということでもある。今回はまだ明るい時間帯に着いたからか、入口に比較的近い場所に停められた。

次に思ったのは、チケットの仕組みがユニークだなあということ。入場料は小学生以上一人二千三百円なのだが、チケットと共に千円分の金券が付いてくる。これは園内のショップやレストランで使用できるもので、差し引きすると実質的な入場料は千三百円ということになる。

「なるほど、使わないと損ってことか……」

「帰りにご飯を食べていってもいいしね」

などと会話しながら中へ。イルミネーションの点灯時間は時期によって変わり、この日は十七時十分とのこと。開始までまだ猶予があったので、園内をブラブラ散策する。

「今日はキラキラ公園へ行くよ」

と子どもたちには説明していたが、

点灯前は「大きな公園」という感じだが、池やチャペルなどあって写真映えする風景も。

日没前の明るいうちはただの広い公園という感じで、ピンときていなそうだった。

園内で暇つぶしがてら立ち寄るのにちょうど良さそうなのが、「ベゴニアガーデン」だ。巨大な温室の中に、色とりどりの花々が咲き乱れている。ベゴニアは約五千鉢と、これまた国内最大級のガーデンだという。温室なのであたたかくて快適だし、カラフルな花々はイルミとはまた違った美しさがある。

点灯までの待機時間を過ごすのに良さそうなスポットとしては、ほかにも足湯がオススメ。これまた真冬の寒さから逃れられるアクティビティだ。あまりに気持ちよくて、時間を忘れそうになった。この足湯、実はちょっとわかりにくい場所にあるせいか、人出の割には空《す》いていた。穴場といっていいかもしれない。

ちなみに、なばなの里の中には、足湯だけでなく日帰り入浴施設もある。イルミネーションを見終わった後に体をあたためるのに良さそうだが、休日だったせいかかなり混雑していたので我が家はパスした。足湯は無料だが、日帰り入浴のほうはもちろん有料だ。

そうこうするうちに、あたりがどんどん暗くなってきたので、会場へと移動する。園全体がライトアップされるものの、イルミネーションのメイン会場は園内

ベゴニアガーデンはイルミが始まるまでの時間つぶしに最適。大温室の中に色鮮やかな花々が咲き誇る。

でも最奥部に用意されている。

小さな子ども連れなのでスローペースで進んでいくと、会場へ辿り着く前、池の畔《ほとり》にいるときにパッと光が点灯した。

「ほうら、キラキラ公園になったでしょう?」

と娘に言うと、納得した表情で目を輝かせている。大人でも感動するぐらいだから、子どもにとっては刺激が強いのだろう。テンションが高まったのか、大はしゃぎし始めた。人が多いので、走らないようにと注意するものの、なかなか言うことを聞かないのはまあいつものことだ。

あちこちでイルミネーションの名所を訪れる中で感じたのは、スポットによって客層が結構違うということ。子ども向けの演出が施されていたりして、家族連れ大歓迎とい

足湯で休憩中。寒い日ほどそのありがたみが大きく、いつまででも入っていたくなる。

「光のトンネル」は200メートルも続く。メイン会場に向けてテンションが上がる。

うところもあれば、一方でカップル向けのロマンチックなイルミネーションも多い。三脚持参で真剣にカメラを向ける写真愛好家が幅を利かせているようなところもある。この点、なばなの里に関しては、幅広い客層に対応する万人向けのイルミと感じた。

混乱を避けるために、イルミネーションの見学は一方通行となっている。最初の見どころといえるのが、メイン会場へ続く光のトンネルだ。二百メートルもの長さを誇るこのトンネルの入口が人でごったがえし大渋滞に陥っていた。

「立ち止まらないで進んで下さーい。お

写真を撮られる方は入口で撮っても逆光になってしまいます。奥のほうへ行けば空いていますので……」

係員が拡声器を使って必死に誘導しているが、なかなか列が進まない。

まあ、気持ちはわからないでもない。到着して最初に目に入った美景だから、逆光などと言われようが、つい写真を撮りたくなってしまうのだろう。実際、奥のほうは空いていたので、ここはジッと我慢すべきだ。

光のトンネルを抜けると、前方に大規模な光の輝きが見えてくる。いよいよ、お待ちかねのメイン会場に到着である。

なばなの里のイルミネーションが特徴的なのは、メイン会場がとにかく豪華なことだ。ライトアップ自体は園内のあちこちで行われているものの、メイン会場は規模がドデカく、ほかの見どころを忘れるほどのインパクトがある。

二〇一九年～二〇二〇年のテーマは「さくら」だった。四季折々の里山の風景を光で再現するもので、これがもう圧巻の一言。千本桜がピンク色に染まる春から始まり、緑が力強く芽吹く夏、燃えるような紅葉の秋、そして冬の白銀の世界へとダイナミックに

近くの展望台に上れば、高い位置からメイン会場を見下ろすこともできる。

移り変わっていく。

誰もが納得の美景、いや絶景といっていいだろう。季節が一巡すると、再び春から始まるわけだが、あまりの美しさに何周も見てしまった。最初はそのド迫力に圧倒されながら、次に写真を撮りながら、さらには動画にも収めながら。普段は落ち着きのない子どもたちも、立ち止まってボー然と眺め続けていたのが印象的だ。

イルミネーションを見終わった頃にはお腹が空いたので、レストランが集まった一角へ移動した。ところが、どのお店も長蛇の列ができているのを見て断念した。大人だけならまだしも、子どもたちがこの寒さの中、空腹を堪えられそうにない。あきらめて、園を出て外で食べようという話になった。

「でも、そうしたら例の金券が無駄になるよね」

前述した通り、入場チケットに千円分の金券が付いている。なんだか世知辛い話なのだが、二人分で二千円となると捨てるには惜しい金額である。もったいないので、お土産に箱入りのお菓子などを買って券を消費したのだった。

11　なばなの里

●住所：三重県桑名市長島町駒江漆畑270
●開館時間：9時～21時/22時（ホームページにて要確認）
●料金：2300円（1000円分 金券付）
●電話：0594-41-0787（9:00～21:00）
●駐車場：有（5700台）
●アクセス：近鉄長島駅から直通バス10分

※以上、イルミネーション期間中の情報（10月中旬～5月初旬）
※7月上旬に5日間のメンテナンス休みあり

12

瀬戸《せと》

昔懐かしい雰囲気が漂う「瀬戸焼」の博物館を堪能

愛知県
瀬戸市

「これは瀬戸物だから気をつけてね」

幼少の頃、母親からよく注意されたことをいまでも覚えている。瀬戸物だから——つまり、割れ物だから手荒に取り扱わないように、というニュアンスだろう。

瀬戸物の「瀬戸」が地名だと知ったのは、それから何年も経ち、もう少し大きくなってからだった。日本有数の陶磁器の生産地が愛知県にあると聞き、

「ああ、あの瀬戸物の瀬戸か」

と自分の中で結びついたわけだ。

辞書で「瀬戸物」を引いてみると、二つの意味が載っていた。

一つ目は、愛知県瀬戸市周辺で作られるやきものの総称「瀬戸焼」のこと。

そして二つ目は、陶磁器そのものの通称であるというもの。

母親が「瀬戸物だから」をどちらの意味で使っていたのかは定かではないが、我が家に高価な陶磁器があったとも思えず、恐らく後者ではないかと推察している。

ちなみに、陶磁器全体を指す「瀬戸物」という呼び方は、主に近畿以東で使われているものなのだそうだ。中国、四国、九州では「唐津物《からつもの》」というらしいが、実際に聞いたことはない。いずれそちらの地方出身の友人たちにでも確認してみたい。

ともあれ、瀬戸への半日旅である。「瀬戸物」の謎を解き明かすべく、やきものの里を訪れたのだ。名鉄瀬戸線で、栄町駅から尾張瀬戸駅まで急行で約三十分。手頃な距離といえるだろう。始発駅から終点駅まで乗りっぱなしで行けるのも気楽でいい。

手始めに向かったのが、「瀬戸蔵ミュージアム」だ。手始めにといいつつも、こここそが今回のメインの訪問先といっていい。瀬戸焼の歴史について触れられる博物館で、まさに瀬戸観光における拠点ともいえる施設なのである。

ミュージアムは、「瀬戸蔵」という大きな複合施設の中にある。建物に入ると、一階には陶磁器を展示販売するショップなんかがあっていきなり目移りしそうになったが、物

ノスタルジーを感じさせる年代物の車両。やきものについて知るために、まずは地域の歴史に触れてみる。

欲はぐっと抑えつつ階段を上った。ミュージアムの入口は二階だ。

　入場料五百二十円を支払い、入館すると、まず現れたのはレトロな電車だった。かつて瀬戸線を走っていた「モ754」という車両だという。

　——やきものの博物館に来たはずなのに、なぜ電車が？

　と驚かされるが、瀬戸の陶磁器などの貨物輸送が瀬戸線の建設目的の一つだったという説明文を読んで腑に落ちた。この電車も瀬戸のやきものと関係しているわけだ。

「せとでん」の愛称で親しまれている瀬戸線。明治末期に生まれた「瀬戸電気鉄道」がその由来である。この車両が瀬戸線を走っていたのは一九六五年から約八

こちらは尾張瀬戸駅の旧駅舎。昔懐かしい雰囲気でタイムスリップしたかのようだ。

展示されていた石炭窯。約30時間かけて焼いたのち、火を止めて1日半後に製品を取り出す。

年間。展示されているのは模型ではなく実物で、現役を引退したあとここで余生を送っている。

電車だけでなく、尾張瀬戸駅の旧駅舎も復元されていた。

こちらは二〇〇一年に取り壊されたもの。さらには、やきもの工房や石炭窯、煙突など、展示されているものはどれも古めかしく、昔懐かしい雰囲気が漂う。

ミュージアムの二階スペースは昭和三十〜四十年代の瀬戸の町を再現するというコンセプトなのだという。まるで時代劇のセットの中に迷い込んだような気分になった。

そんなテーマパークのような佇《たたず》まいである一方で、施設としてはあくまでも博物館であり、肝心の瀬戸のやきものの成り立ちなどもしっかり解説されている。

たとえば、やきものづくりの材料や、道具に関する展示といった基礎知識的な内容は純粋にためになる。瀬戸市の大部分は、三国山《みくにやま》と猿投山《さなげやま》から広がる花崗《かこう》岩が風化し、堆積してできた「瀬戸層群」という地層から成っている。やきものの原料は自然にある粘土や石

「生産道具展示室」ではやきものの知識が学べる。スクリーン印刷など絵付の仕組みがとくに気になった。

かつての工房風景を再現。年季の入った備品など細かい部分も凝っている。

だが、この地はそれらの資源に恵まれていたという。

ほかにも個人的におもしろいと思ったのは、瀬戸では陶器を「本業焼」、磁器を「新製焼」と呼び分けていたという話。

瀬戸では十世紀後半、平安時代中期から陶器作りが行われてきた。対して磁器はというと、日本で最初に作られたのは九州の有田とされ、江戸時代後期になって瀬戸でも磁器生産を行うようになっている。要するに、陶器のほうが歴史が古く、やきものの元祖というわけだ。

階段を上がり三階へ行くと、レトロな街並みの二階とはまた違う、博物館らしいショーケース主体の展示となっていた。こちらでは古墳時代から現代に至るまでの瀬戸焼を中心とした「やきもの」の歴史について丁寧に解説されている。

とまあそんな感じで、このミュージアムだけでも大きな満足感が得られたのだが、せっかく瀬戸まで来たので、「窯垣《かまがき》の小径《こみち》」へも行ってみることにした。瀬戸市内にはやきものにまつわるスポットが点在しているが、とくに気になったのがここだ。

瀬戸は近年、日本遺産に認定されている。「きっと恋する六古窯《ろっこよう》 日本生まれ日本育ちのやきもの産地」と題し、六古窯全部をまとめて一つとして登録されているのだが、公式サイトである「日本遺産ポータルサイト」の当該遺産のページで、メインの写真のひとつとして掲載されているのが瀬戸の「窯垣の小径」である。ウェブだけでなく、瀬戸蔵ミュージアム内など現地でも同じ写真のポスターが貼られているのを見かけた。

坂道沿いに建つ石垣のような風景なのだが、壁面が不思議な幾何学模様になっており、ほかでは見たことのないユニークな景観になっている。いかにも写真映え、ＳＮＳ映えしそうなビジュアルといっていい。

「窯垣」とは、使わなくなった窯道具で作った塀や壁の総称だ。普通の石垣とは異なる、

「窯垣の小径」でよく見る写真の場所がココ。狭いので撮るなら広角で。

やきものの里ならではの独特の景観といえるだろうか。そんな窯垣が密集している散策路が約四百メートル続くのが「窯垣の小径」だ。

　行ってみると、集落の中の入り組んだ路地という感じだった。人《ひと》気《け》が少なく、のんびりとした風情が漂っていたが、昔は陶磁器を運ぶ荷車や、天秤棒を担いだ担ぎ手さんたちが往来していたという。とにかく、想像していたよりも規模はずっと小さく、本当に「小径」だなあというのが率直な感想である。

　付近には資料館もあるが、訪問時はあいにく開いていなかったので、カメラを手にフォトジェニックな風景を求めて散策した。

　前述した宣伝写真の壁以外にもどこか絵になる場所はないか探し回ったが、やはりあの壁が一番いいかもという結論に達したので、ここでもその写真を掲載しておきます（右ページの写真）。

12 瀬戸

●住所：愛知県瀬戸市蔵所町1-1
●開館時間：9時～17時
（入館は16時30分まで）
●休館日：第4月曜（例外あり）
●入館料金：520円
●電話：0561-97-1190
●駐車場：有（189台）
●アクセス：名鉄瀬戸線尾張瀬戸駅から徒歩5分

※以上、「瀬戸蔵ミュージアム」情報

愛知県常滑市

13

常滑《とこなめ》やきものの散歩道《さんぽみち》

常滑焼は日本六古窯の一つ。坂道を上ったり下ったりしながら、ゆったり巡る散歩コースが整備されている。出発地の陶磁器会館で地図を入手しよう。お気に入りの一品を探しつつ、レンガ造りの煙突などフォトジェニックな風景を楽しめる。

●住所：愛知県常滑市栄町
●開館時間：9時～17時（陶磁器会館）
●営業時間：9時～17時30分（[一社]とこなめ観光協会）
●電話：0569-34-8888（[一社]とこなめ観光協会）
●アクセス：名鉄常滑駅から徒歩10分

愛知県海部郡蟹江町

14

尾《お》張《わり》温《おん》泉《せん》東《とう》海《かい》センター

100パーセント源泉かけ流しで、加水や加温、循環なしの本格派天然温泉。巨大な館内には古き良き昭和の薫りが漂い、洋服や靴、生活雑貨などが売られておりノスタルジックな気持ちに。名古屋中心部から車で30分で行ける手頃な距離も魅力。

●住所：愛知県海部郡蟹江町蟹江新田佐屋川西97
●営業時間：13時～23時　●料金：ホームページにて要確認
●電話：0567-95-3161
●駐車場：有（300台）
●アクセス：近鉄蟹江駅からタクシー7分

※リニューアル工事に伴い2020年5月11日～9月30日まで休館。
10月1日（木）リニューアルオープン予定（ホームページにて要確認）

岐阜県養老郡養老町

15

養老天命反転地《ようろうてんめいはんてんち》

公園であり、テーマパークであり、アートギャラリーでもある。説明が難しい不思議スポットなのだが、童心に返ってワクワクしながら探険できる。敷地は広く、映える風景が点在。手がけたのは美術家・荒川修作氏と詩人のマドリン・ギンズ氏。

●住所：岐阜県養老郡養老町高林1298-2（養老公園）
●開園時間：9時～17時（入場は16時30分まで）
●定休日：月曜（祝日の場合は翌日）　●料金：770円
●電話：0584-32-0501（養老公園事務所）　●駐車場：有
●アクセス：養老鉄道養老線養老駅から徒歩10分

岐阜県郡上市

16

郡上《ぐじょう》おどり

夏の間、三十夜以上にわたって開かれる日本一長い盆踊り。会場が毎晩変わるのも特徴で、夜だけなので案外半日旅向けかも。できれば振り付けを覚えて参加するべし。名曲だらけだが「春駒」は最強。お盆には夜通し続く「徹夜おどり」も。

●住所：岐阜県郡上市八幡町
●開催期間：ホームページにて要確認
●電話：0575-67-0002（郡上八幡観光協会）
●アクセス：長良川鉄道郡上八幡駅から徒歩20分
（郡上八幡観光協会）

※令和2年度開催予定の郡上おどりにつきましては、
新型コロナウイルス感染拡大防止の観点から、全日程、見合わせとなりました

三重県四日市市

17

うみてらす14

四日市港の開港100周年を記念して建てられたポートビルの、最上階に設けられた展望展示室。日本屈指の工場夜景を眼下にできるスポットとして注目を集める。FF7の「ミッドガル」みたい。平日は17時で閉まるため、夜景目当てなら土日祝に。

●住所：三重県四日市市霞二丁目1-1
●開館時間：10時～17時（土日祝は10時～21時／入場は閉館30分前まで）
●休館日：水曜（祝日は開館）　●料金：310円
●電話：059-366-7022（四日市港管理組合振興課）
●駐車場：有（76台）
●アクセス：JR関西本線富田浜駅から徒歩15分

第3章　グルメ

18

八《はっ》丁《ちょう》味《み》噌《そ》

二大「味噌蔵」の見比べ見学ツアーへ

愛知県
岡崎市

東京育ちの自分が、名古屋に来たなぁと実感するのは味噌を口にした瞬間だ。名古屋めしといえば、味噌カツや味噌煮込みうどんなど味噌を活用した料理がやたらと多い。赤味噌が主流の味噌文化は自分にとって新鮮で、

「これぞ名古屋の味！」

と、しみじみ感激するわけだ。

ところが、これはいまさらながら知ったのだが、この味噌文化の発祥ともいえるのは、正

まるや八丁味噌にある日吉丸「石投の井戸」。幼き頃の豊臣秀吉＝日吉丸の言い伝えが残る。

確には名古屋というよりも岡崎なのだという。名古屋の人にとってはそんなことは常識なのかもしれないが、余所者《よそもの》としては味噌＝名古屋だと思い込んでいたのが正直なところで、まずはこの場を借りて自分の無知を懺悔《ざんげ》したい。

岡崎といえば徳川家康生誕の地である。ということは、ひょっとして味噌の誕生には徳川家も絡んでいるのかな、などと勝手に想像したが、この地で「八丁味噌」がつくられ始めたのは江戸時代初期で、戦国時代にはまだ存在しなかった。

岡崎で味噌をつくっているのは「まるや八丁味噌」と、「カクキュー八丁味噌」の二社。いずれも歴史ある味噌蔵であり、製造現場を見学できるというので行ってみることにした。

驚いたのは、これら二社の建物が隣接していたことだ。名鉄の岡崎公園前駅で降り、てくてく歩いて行くと、まるや、カクキューの順に並んでいる。モロに競合ともいえる両社がこれほどまでに近い距離にあるのはなんとも意味深なのだが、そもそもの八丁味噌の由来を理解すると腑に落ちるものがあった。

八丁味噌の「八丁」とは距離のことで、お城から八丁の場所にあるからこの辺りは「八

直径、高さ共に6尺ある木桶に仕込む。上に積まれた重しは約3トン。職人が手掛ける伝統の技に注目だ。

丁村」と呼ばれていた。ちなみに一丁とは約百九メートルで、八丁は九百メートル弱となる。また、ここでいうお城とは名古屋城ではなく岡崎城だ。

　まるやとカクキューの間を隔てる道は旧東海道なのだという。

「この道をずっと東へ行くと、江戸に辿《たど》り着けたんです」

　と教えてくれたのは、まるやの見学ツアーでのことだった。たまたまなのか、このときは参加者が僕一人だったので、マンツーマンで丁寧に解説してくれた。

　江戸時代には味噌蔵の前のこの道を大名行列やお伊勢参りの人々が往来したことが、全国に八丁味噌の存在が知られるきっかけになった。

「八丁味噌は、米麹を使わずに大豆に塩と水だけを加えてつくっているのが特徴です」

　まるやの見学ツアーでは、実際の製造現場を見て行く流れになっている。工場見学という触れ込みだが、工場という言葉から連想しがちな近代的な設備とは正反対の、昔ながらの製法を守るアナログライクな雰囲気という感じでむしろ見応えがある。

　圧巻なのが、巨大な味噌桶が並ぶ光景だ。直径、高さ共に六尺もあるという木桶に味噌を仕込み、二夏二冬かけて天然醸造で熟成させる。

「この桶ひとつでだいたい三十万杯ぶんの味噌汁が作れます」

　なるほど、途方もない大きさだ。桶は約二百本あり、現存する最も古いもので一八六四年製というから歴史を感じさせる。桶の上には重しとなる石が円錐型に積み上げられているのだが、これは職人の手によるもの。地震が来ても崩れにくいよう、匠の技を駆使して積まれている。

　見学ツアーの最後には、お待ちかねの試食コーナーもある。その場で味噌田楽を味わい、お土産に試供品の赤だし味噌までいただいたが、太っ腹なことに見学ツアー自体はなんと無料だ。所要時間は約三十分。短い時間ながら充実した内容と感じた。

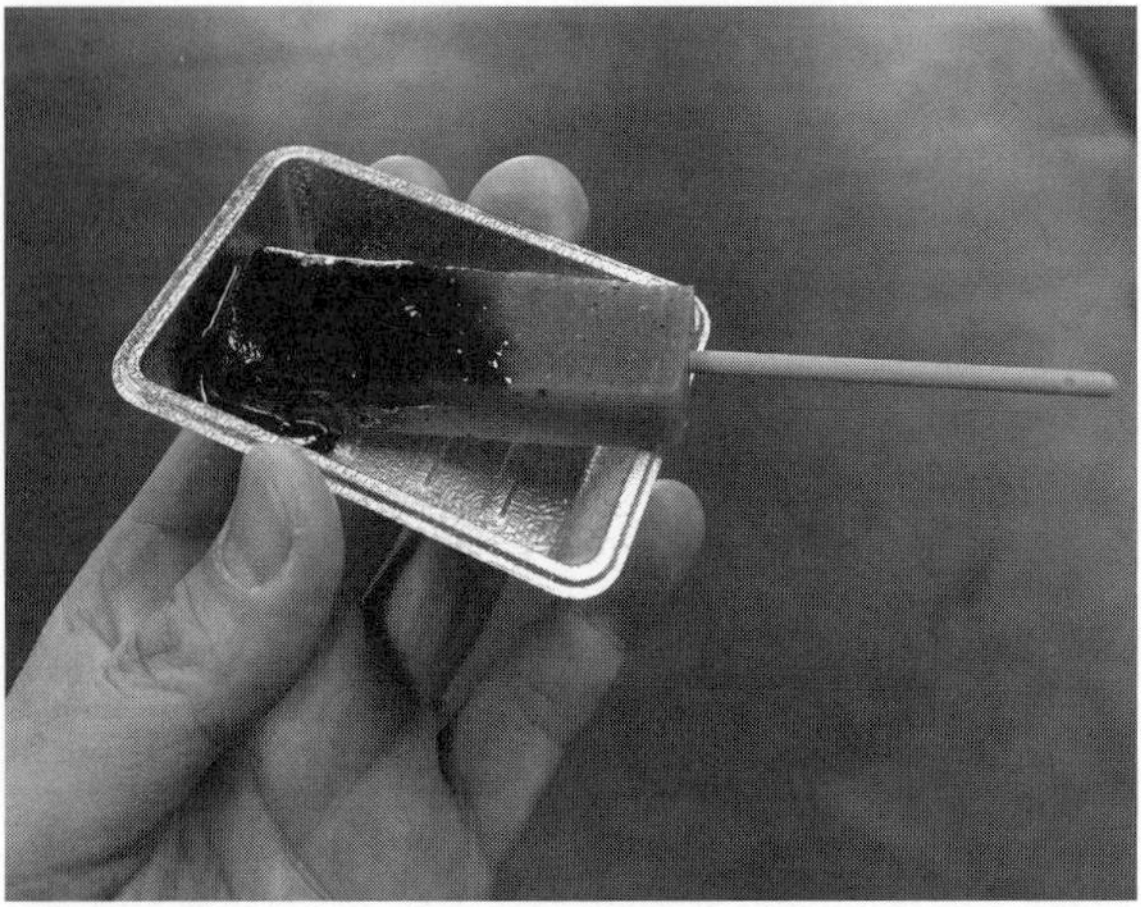

見学ツアーを終えた後はお待ちかねの試食タイム。味噌田楽をいただいた。

まるやに続いて、お隣のカクキューの見学ツアーにも参加した。

隣接しているとはいえ、両社の雰囲気はまったく違う。第一印象としては、カクキューのほうが大箱だなあというもの。こちらは施設そのものがまるやよりも規模が大きく、売店やレストランがあったり、アイスクリームが食べられたりと、喩《たと》えるなら道の駅のような感じ。参加者も多く、バス旅行の団体ツアー客とも一緒になるほどだった。

また、建物自体がいかにも写真映《ば》えしそうな歴史建築である。ＮＨＫの連続テレビ小説「純情きらり」のロケ地にもなったのだという。出演者のサインなども飾ってあった。観光地らしい観光地という感想だ。

　先にまるやのほうで味噌づくりのイロハを学んでいたせいもあり、後で訪れたカクキューでは説明を聞いて復習するような形になった。違う点としては、こちらは史料館が用意されており、模型などで味噌づくりの工程が紹介されていたこと。

　また、カクキューのほうが試食内容は少し豪華で、田楽に加えて味噌汁も提供された。お土産には「八丁味噌のパウダー」が配られる。見学ツアーは同じく無

カクキュー八丁味噌。風格ある佇まいで、写真に撮りたくなる。

料で、所要時間もやはり三十分程度だ。別に優劣をつける意図はまったくないが、両方とも訪れたので自然と比較の目線になるのだった。

訪れたのは午前中で、見学ツアーを終えるとちょうどお昼時だった。試食して食欲に火がついたところで、そのままカクキューの併設レストランで食べる手もあったが、グッとこらえて移動した。実は岡崎市内に一度行ってみたかったお店があるのだ。

お店の名前は「二《に》橋《はし》」という（現在は惜しまれつつ閉店）。味噌煮込みうどんの専門店

カクキューには史料館も。昔ながらの味噌づくりを再現する模型などが展示されている。

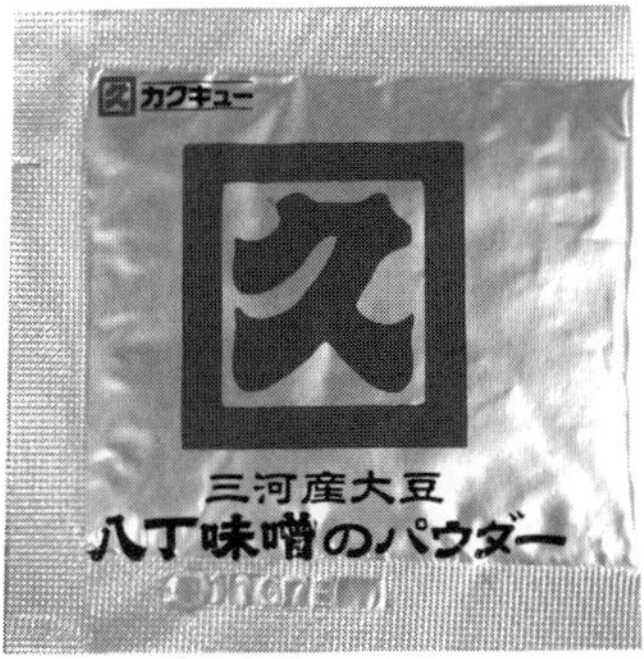

お土産の「八丁味噌のパウダー」。フリーズドライ製法により、八丁味噌をそのまま粉末状にしたものだ。

だ。ちょうど味噌について理解を深めた後だし、この際とことん味噌尽くしなのである。

十二時台というタイミングもあって、店内はほぼ満席に近い状態だった。

カウンター席に座りおしながきを見て、感心させられた。味噌煮込みうどんの専門店ながら、ただ単に「味噌煮込みうどん」の種類がいくつかあるわけではなく、客が自分好みに味噌の種類と、具の種類をそれぞれ選ぶような形式になっていた。

味噌が七種類、具が六種類なので、つまり組み合わせは計四十二通りもあった。正直かなり迷うが、味噌に関しては「八丁味噌」があったのでそれにした。このお店は食材の産地なども詳細に書かれていたのだが、八丁味噌はカクキューのものだという。つい先ほど見

味噌づくしの半日旅の締めくくりに、味噌煮込みうどんの名店へ。知識欲も食欲も満たされた。

学してきたばかりだから、なんだか嬉しくなった。

具は初心者向けにオススメという「親子」を選択。これはその名の通り、鶏肉と玉子で、出てきたものを見て確かにこれぞオーソドックスな味噌煮込みうどんだなあと感じた。

この組み合わせでお値段は一八五〇円だった。ランチにしては少々贅沢だが、味噌づくしの半日旅のハイライトを飾るにはこれ以上ない選択で、心から満足したのだった。

18 八丁味噌

まるや八丁味噌
- ●住所：愛知県岡崎市八帖町往還通52番地
- ●見学受付時間：9時～16時20分入場（12時～13時を除く）
- ●料金：無料
- ●電話：0564-22-0678（見学受付専用）
- ●駐車場：有
- ●アクセス：名鉄岡崎公園前駅から徒歩1分

カクキュー八丁味噌（八丁味噌の郷）
- ●住所：愛知県岡崎市八帖町字往還通69番地
- ●見学受付時間：10時～16時（土日祝日は9時30分から）
- ●料金：無料
- ●電話：0564-21-1355
- ●駐車場：有
- ●アクセス：名鉄岡崎公園前駅から徒歩5分

※以上、見学ツアー情報（詳細はホームページにて要確認）

19

ミツカンミュージアム

娯楽性も抜群！ 企業系博物館の理想形

愛知県
半田市

結論から言うと、企業系の博物館としては理想形と感じた。内容もさることながら、見せ方がいい。最新技術を惜しみなく活用し、年齢問わず参加できる仕掛けも盛り込んでいる。お勉強系のスポットは苦手という人も退屈しなそうな、娯楽性の高いミュージアムである。

ミツカンといえば、我が国を代表する食品メーカーのひとつ。各種お酢類のほか、「味ぽん」「金のつぶ」といった主力商品は我が家でも日々お世話になっている。そんな同社が一般公開しているのが「ミツカンミュージアム」だ。

場所は半田市。ＪＲ武豊線の半田駅から歩いてすぐの距離にあるミツカン本社ビルの裏手にミュージアムは位置する。

モダンながらも和の風情が漂うミュージアム外観。後方に見える大きな建物はミツカンの本社ビルだ。

見学には二つのコースが用意されている。ガイドなしの「大地の蔵コース」と、ガイド付きの「全館コース」の二つだ。前者が約三十分なのに対し、後者は約九十分と所要時間が大きく違う。

現地を見た率直な感想としては、オススメは圧倒的に後者だ。どうしても時間がないという人以外はもう、こちら一択といっていいだろう。大地の蔵コースだと展示の一部を見られるだけだし、全館コースには大地の蔵コースの内容が含まれている。

見学は事前予約制となっている。日時によってはすぐ埋まるようなので、早めの予約が必要だ。幸いにも前日で空きを見つけられたので、行ってみることにした。

到着してまず思ったのは、周囲の風景がとても絵になるなあということ。運河に沿う形で黒壁の蔵が立ち並んでいる。半田運河の歴史を辿ると、江戸時代には多くの千石船が行き交ったのだという。酢造業が盛んなこの地から江戸へと送られていったのが粕酢で、江戸前寿司が流行るきっかけとなった。

ミュージアムの見学は、最初に「大地の蔵」を各自で見学し、その後に指定された時間からガイドさんと共に残りのゾーンを順に巡っていく流れとなっている。

大地の蔵では主に江戸時代の酢造りの様子が紹介されている。粕を熟成してもろみを作り、圧搾して沸かし、仕込み、貯蔵する。一連の工程を追っていくうちに、酢ができあがるまでを学習できる内容だ。

見るだけでなく、体験コーナーも用意されている。たとえば、樽を木槌で叩いて、中の酢の量を判断する体

運河沿いに黒塀の蔵が立ち並ぶ風景が歴史を感じさせる。江戸時代には千石船が行き交ったという。

「大地の蔵」では江戸時代の酢づくりの様子を再現。公式アプリで解説ガイドを視聴しながら見学した。

験。三種類の樽が置いてあり、

「一番量が多いのはどれかわかりますか？」

叩いていると近くにいた係員にクイズを出された。叩く音に明らかな違いがあり、やってみると案外簡単に答えが分かったりもした。

　大地の蔵を抜けた先にゲートがあって、時間になると全館コースの参加者のみ中へ進むことができる。ここから先はガイドさんが付いて、団体ツアーのような形で見て回る。

　あまり詳しく書くとネタバレになってしまうので、見どころをかいつまんで紹介するにとどめておきたい。基本的な展示内容としては、一八〇四年の創業から、時系列に沿う形で同社のこれまでの歩みを振り返っていくものとなっている。

「時の蔵」の目玉は長さ約20メートルの「弁才船」。甲板の上では映像体験も。

最大の目玉と言えそうなのが、江戸時代に活躍したという、長さ約二十メートルもある弁才船《べんざいせん》のレプリカだ。これがとにかくドデカイ。事前情報でそれがあることは知っていたものの、屋内なのにこれほど巨大な船が鎮座しているとは想像できなかった。

船そのものにも圧倒されるが、甲板で繰り広げられる映像を駆使した演出が非常に良く出来ていて、グッと引き込まれた。詳細は伏せるが、これはぜひ体感してほしい。

スーパーなどで売られている調味料のような加工食品は、正直なところメーカーがどこなのかまではいちいち気にしていなかったりするのだが、ミュージアムの展示がきっかけで、個人的に馴染み深い商品のいくつかが実は同社のものだったと知った。

たとえば、「おむすび山」。ご飯にまぜるだけでおにぎりが作れる、ふりかけのような商品で、子どもの頃に本当に大好物だったのだ。これもミツカンだったのか、と三十年ぐらい経って、いまさら気がついたのだった。

見学ツアーの最後には試飲コーナーも用意されている。お酢を使ったソフトドリンクの一種で、見学した直後に飲むと

お土産にオリジナルの「味ぽん」を作った。もったいなくて開けられない？

フォトジェニックな赤レンガの建物もまた半田の名所。中では復刻版カブトビールが飲めるのも嬉しい。

やはり美味しく感じられる。試飲を行う「光の庭」と呼ばれるスペースでは、ほかにも面白体験がいくつか用意されていた。粘土でお寿司を作る子ども向けの体験などもあって、子連れでも楽しめそうだ。

ほかにもオリジナルの「味ぽん」を作れるコーナーがあったので、記念に自分も作ってみた。プリクラのような機械で写真入りのシールを作り、それを小瓶にラベルとして貼るだけの簡単なものだが、ひとつ二百円とお手頃だし、いいお土産になる。

ミュージアムで紹介されていた内容でもとくに気になったのが、同社はかつてビール事業も行っていたというエピソードだ。赤レンガ造りの工場を建設し、醸造設備から原料までドイツから取り寄せるほどの本格的なもので、「カブトビール」というブランドを誕生させた。

　戦時中に工場は閉鎖されたが、当時の建物はいまも「半田赤レンガ建物」として残り観光名所になっているというので、帰りについでに立ち寄ってみた。

　ミュージアムからは少し離れているが、徒歩でもぎりぎり行ける距離。建物はこれぞ産業遺産といった味のある雰囲気で、これまた大変絵になる。内部は展示室のほか、売店やレストランがあって、復刻したカブトビールが飲める。当然のようにグビッと飲みつつ、クルマではなく電車で来て良かったなあとしみじみしたのだった。

19　ミツカンミュージアム

●住所：愛知県半田市中村町2-6
●見学時間：9時30分～15時30分（事前予約制）
●休館日：木曜（祝日の場合は翌日）
●料金：300円
●電話：0569-24-5111
●駐車場：有（第一：約40台／第二：約100台）
●アクセス：JR武豊線半田駅から徒歩3分

※以上、「全館コース」の情報

20

松《まつ》阪《さか》の焼《やき》肉《にく》

めずらしい「回転焼肉」で美味しすぎる肉を堪能！

三重県
松阪市

一人焼肉なんて寂しすぎる……などと誤解していたこともあった。何事もやってみないと本質は分からない。

いまなら断言できる。一人焼肉、最高である。

むしろ、一人焼肉こそ至高である。なんなら、一人焼肉に限る、までいえる。

たとえば、誰かと一緒に焼肉をしたとする。相手にもよるが、一人でない場合には少なからず気遣う必要も出てくる。

「そのお肉、そろそろ焼けてきたんじゃない？」

などと、人が食べる分の焼き加減まで気にしたり。

「お肉だけでなく、野菜も焼きましょうか？」

そもそも焼く食材の内容に関してまで同意を求めたり。いやはや、なんとも煩わしい。他人が食べる肉が焦げようが知ったことではないし、野菜でお腹が膨れるぐらいならそのぶん肉を食べたいのが偽らざる本音である。

昔会社員だった頃、接待の会食が苦手だった。するのも、されるのもだ。とくに嫌だったのが、鍋や焼肉のお店。大抵の場合、接待する側が鍋奉行やら、火の番やらを買って出ることになる。ただでさえ億劫な接待がさらに苦痛な時間に変わる。

要するにワガママなのだろう。そのことは否定しない。けれど、一人焼肉が魅力的なものであることは声を大にして世の中に伝えたいのである。少なくとも、「ぼっちで寂しい」などと考えるのは偏見だと思う。

やたらと前置きが長くなってしまったが、ここから本題である。

松阪市にはこれまでもちょくちょく行く機会があった。三重県内では、個人的に恐らく最多の訪問回数を誇る。伊勢神宮へ参拝した帰りに立ち寄ったり、熊野古道へ向かう途中に一泊したこともあるが、なぜ松阪市なのかというと理由がある。

肉である。言わずと知れた国産最高峰のブランド牛——松阪牛が食べられるのは旅のオプションとしては大変魅力的で、ついつい足が向いてしまうのだ。

ちなみに、「松阪牛」と書いて「まつさかうし」と読むと知ったのは大人になってからだった。さらには最初は「まつさか」ではなく「まつざか」と読んでいて、「松坂牛＝まつざかぎゅう」と思い込んでいた。関東で生まれ育ったからだと一応弁解しておくが、読みどころか漢字さえも間違っていて恥ずかしくなる。

とにかく、松阪といえば肉である。誰が何と言おうと肉である。

「有名なのは『一升びん』かな。うちは〇〇も好きなんだけどね」

と教えてくれたのは、松阪ローカルの友人だ。肉の聖地だけあって、松阪市内には名店が数多いが、中でもどこがオススメか聞いたらそんな答えが返ってきた。

名古屋から半日旅で焼肉を食べに行くにあたり、狙いを定めたのは一升びんだった。松阪市内を中心に数多くの支店を持つチェーンだが、中でも注目なのが宮町店だ。ここは「回転焼肉」などという大変ユニークなサービスを提供しているのだという。

――回転焼肉？　回転寿司の焼肉バージョンかしら？

と興味を覚え、行ってみることにしたのだ。

一升びんの宮町店は松阪駅から徒歩約十分。駅に至近ではないものの、歩いて行ける。腹ごなしをするのにちょうどいい距離といえるだろうか。地方都市のこの手の飲食店で、クルマがなくても訪問可能なお店は貴重だ。

到着してまず感じたことだが、結構大きなお店である。中へ入ると、右側が普通のテーブル席、左側が回転焼肉専用席とスペースが分かれていた。

注意点としては、回転焼肉が食べられるのは、平日ではディナータイムのみである。ランチも店は営業しているが、テーブル席のみとのこと。回転目的な

松阪駅からてくてく歩きつつ「一升びん宮町店」に到着。さあ食べるぞ！　とテンションが上がる。

お店に入ってすぐのところに展示されていた回転焼肉の料理見本。「松阪牛」の三文字が輝いて見える。

ら夜に行くようにしたい。

　システムは回転寿司とほぼ同じである。食材が載ったお皿がレーンをぐるぐる回っており、客は自分が食べたいものを都度取っていく。違う点としては、レーンが透明プラスチックのクリアルーフで覆われており、その中が冷蔵庫になっていること。欲しい食材が回ってきたら、ボタンを押すと一時的にルーフが開閉して取れるようになる。長時間回りっぱなしで鮮度が落ちるという問題をクリアするための工夫だ。

　料金もまた回転寿司同様、皿の種類によって決まっている。参考までにいくつ

レーンの下にある丸いボタンを押すと、ルーフが開いて、中の食材が取れる。

好きなものを、好きなだけ焼いて食べられるのは一人焼肉ならではなのだ。

か紹介すると、オーソドックスな「松阪肉カルビ」が七百円、霜降りの「松阪肉上ロース」が九百五十円、最高級の「松阪肉特選」が千二百五十円となっていた（二〇二〇年二月取材時点）。

極端に格安というわけではないが、松阪牛でこの値段ならコストパフォーマンス的にはなかなか悪くないのではないか、というのが個人的な感想である。ちなみに松阪牛ではない、普通の「国産牛」のカルビなども用意されていて、そちらだと少し安くなる。

試しに七百円の松阪肉カルビと、松阪牛ではない五百五十円の上カルビを食べ比べてみたが、一口でわかるほど味の差は歴然としていた。肉のクオリティほど値段に比例するものはない。百五十円の金額差なら、ここは絶対に松阪肉を選ぶべきだ。

最高級の松阪肉特選にもチャレンジした。いささか高額だが、ここへ来る近鉄で節約して特急ではなく普通列車に乗ってきたので、それで浮いた分の予算を使うということで自分を納得させた。近鉄名古屋から松阪までの特急券料金が千三百四十円。松阪肉特選が千二百五十円なのでほぼ同じぐらいの金額である。

回転寿司のお店では寿司以外のものも結構回ってくるが、回転焼肉でもつまみ類や、デザートなどが流れていた。見ていると色々と手に取りたくなるのだが、胃袋には限界があるからなるべく美味しいものだけ食べて満腹になりたい。肉以外には松阪産の原木シイタケと、あとはキムチだけとってガマンした。

一皿は少量ながら、そのぶんの複数種類を食べられるのは、一人焼肉マンには好都合だなあと感じた。メニューは豊富で、焼肉の皿は四十種類以上もある。カルビやロースのような定番だけでなく、ホルモンやレバーなど内臓系のラインナップも充実している。稀少な部位を味わえるのは産地ならではと言っていいだろう。

牛の次は鶏の焼肉にも挑戦。リーズナブルだけれど、満足度は大きい。

憧れの松阪牛を腹一杯食べて、生ビールもぐびっと飲んで五千円で収まるぐらいだった。たまの贅沢としては、これはこれで全然アリなのではないだろうか。

身も心も満たされ、足取り軽く駅へと戻りましたとさ、めでたし、めでたし……という感じで締めくくりたいところなのだが、話はまだ続く。

実は後日、改めてまた松阪を通りかかる機会があった。そして、そのときに今度は全然違うタイプの焼肉屋に入ったのだが、そこもまた最高だったのだ。

どんな焼肉屋かというと、牛ではなく鶏肉専門の焼肉屋である。後で知ったのだが、「鳥焼肉」もまた松阪の名物グルメなのだという。

今回立ち寄ったのは「とりいち」というお店。ほかにも「前島食堂」なども有名らしい。

鳥焼肉というだけあって、食材こそ鶏だが、体験内容としては焼肉そのものだ。客が網の上で好きに焼いて食べる。味付けをタレか塩か選べるのがいかにも鶏という感じだ。

メインの若鶏のほか、ひねや砂肝などメニューは複数用意されていた。とくに絶品なのが皮だ。鳥皮というと酒のつまみのイメージがあるが、パリパリの皮に加えてプルプルとした身が付いていて、意外と食べ応えがある。

とりいちでは若鶏四百五十円、皮は四百円となっていた。牛肉と比べると値段が遥かに手頃なのも素晴らしく、一人焼肉が益々捗るのだった。

20 松阪の焼肉

- ●住所：三重県松阪市宮町144-5
- ●営業時間（回転席）：
  平日17時30分～21時30分
  土日祝12時～15時
  ／16時30分～21時30分
  ※ラストオーダーはそれぞれ30分前まで
- ●電話：0598-50-1200
- ●駐車場：有（50台）
- ●アクセス：JR・近鉄松阪駅から徒歩10分

※以上、「一升びん　宮町店」情報

21

渥《あつ》美《み》メロン

果肉がとろっとろ！　じゅわっと果汁が湧き出てくる

愛知県
田原市

豊橋市を抜けた辺りで、前を走るトラックに貼られた文言が目に留まった。

「日本一の花のまち　渥美半島 田原市」

と、書かれている。温暖な気候に恵まれたこの地は、花の生産額が日本一を誇るのだという。

以前、真冬の一月に来たときには、菜の花が咲き乱れていたことを思い出す。一足早い春を求めて訪れるにはうってつけの旅先なのだ。

渥美半島はこれまでも何度か旅したことがある。東京から東名高速をひた走って、伊《い》良《ら》湖《ご》で一泊して帰るのがお決まりのパターン。関東からだと結構距離はあるので、行くには思い切りが必要だが、週末だけでもぎりぎり訪問可能だ。

ということは、逆に名古屋からなら、余裕で日帰り圏内といえる。いささか慌ただしいものの、半日旅だって無理ではないだろう。

実は、渥美半島には行ってみたいスポットがあった。前に来たときに、道路沿いに見かけて、いつか機会があれば……と、密かに気になっていたのだ。

それは、巨大なメロンの形をした看板だった。網目模様のまん丸なメロンが、道端にドドーンと建っていて、なんだあれはと目を奪われた。衝動的にクルマを止めてみると、そこはメロン農家の直売所のような施設だった。渥美半島はメロンの産地であり、シーズンになるとメロン狩りが楽しめるのだと知ったのだ。

あれから数年が経ち——六月某日。念願叶って、今回は遂にメロン狩りを目的にやってきていた。ここで話は冒頭のトラックに書かれたキャッチコピーに戻るのだが、「日本一の花のまち」なのに、食い気に駆られる形で訪れたというわけだ。いつものことではあるが、我が旅はやはり花より団子であるなぁ。

田原市に着いたのは、お昼過ぎだった。メロンも気になるが、まずは昼食を取りたい。楽しみは食後にとっておこうとグッと堪《こら》える。デザートは別腹だしね。

というわけで、どこか美味しそうなお店がないか調べたら、耳寄り情報を見つけた。渥美半島では「どんぶり街道」なる催しを実施しているのだという。

「どんぶり……街道？」

名前を見た瞬間、自分の中の食いしん坊センサーがビビビッと反応した。

どういう内容か確認してみると、地域の飲食店が腕自慢の一品を丼で提供する企画で、スタンプラリーも行われていると分かった。参加店舗は計二十八にも及ぶ。店の大半は渥美半島をぐるりと回る国道二五九号線および、四二号線沿いに主に点在している。それゆえ、「どんぶり街道」というわけだ。

どんぶりの種類はさまざまである。天丼や牛焼肉丼、うなぎ丼、釜揚げしらす丼など、どれも美味しそうだ。一軒につき一種類のみという決まりなので、各店の代表選手的存在といえる、とっておきの丼がラインナップに並ぶ。

どれにしようか散々悩んだ挙げ句、今回選んだのは「天ぷら和食 さくや」の「大あさり味噌かつ丼」だった。旅先でのご飯だから、できればその地ならではの食材を味わいたい。渥美半島といえば、大あさりである。というより、ほかの場所ではあまり見かけ

大あさり味噌かつ丼に挑戦。ボリュームたっぷりの見た目からしていい。

ない。大あさりは三《み》河《かわ》湾が産地なのだ。

広々とした店内の、奥のテーブルに通される。客席は板張りの小上がりのような感じで、座布団が敷かれていた。天ぷらのお店ではあるが、注文するのはもちろん「大あさり味噌かつ丼」だ。通常サイズのものが千百二十円。どんぶり街道を食べ歩きする客にはありがたい小丼も用意されており、こちらは八百六十五円。

丼からあふれんばかりの、ボリューム感ある盛り付けに圧倒された。普通のあさりと比べると、やはり大あさりは食べ応えがある。たっぷりかかった味噌味のソースもまた、東京出身者からすると愛知らしさが感じられていい。

大あさりを使った丼を提供する店はほかにもあるようだったが、さくやはメロン狩りの農園から場所が近いのも決め手となった。ランチを終えたら間髪入れずにメロンで口直し、という作戦だ。本命はあくまでもメロンなのだ。

丼をペロリと平らげ、サクッと移動した。やってきたのは、以前から気になっていた、例の巨大なメロンの形をした看板の場所。「ニュー渥美観光」というメロン農園だ。

メロン狩りは予約制で、あらかじめウェブから予約を入れていた。

料金は内容によって変わる。お持ち帰り用に一玉メロン狩りできるのに加えて、現地で半分サイズのカットメロンが食べられるプランが二千七百円だった。念のため書いておくと、もちろんマスクメロンである。黄緑色で網目模様の、いわゆる高級メロン。

カットメロンが四分の一サイズだと二千三百五十円。カットメロンではなく、三十分間の食べ放題が一玉お持ち帰りとセットになっているのもあって、こちらは四千二百円となっている。

それらは六〜七月の料金で、五月だと少し高く、八月だと少し安い。時期によって価格が変動するのは、メロンに限らずフルーツ狩りのお約束といえる。

受付を済ませると、地図を渡された。メロン狩りを行うハウスは少し離れたところにあって、そこまでは自分のクルマで移動するようにとのこと。

道端に出ている幟《のぼり》を目印に、国道から路地へ入る。ローカルな農道といった雰囲気で、油断したら迷子になりそうだったが、無事到着。農園の人がハウスの前で待機してくれていたので、指示された通りに車を停めた。

根が食いしん坊だからか、フルーツ狩りには目がないタイプだ。たとえばイチゴ狩りなどは毎年シーズン中に二～三回は行くほどで、ほかにも桃狩りやらブドウ狩りやら梨狩りなど、季節の味覚を求めて積極的に足を運んでいる。

しかし、実はメロン狩りというのは初めてだった。それゆえ、ここはひとまずプロに手ほどきを受けるべしと思い、農園の人に根掘り葉掘り質問してみた。

「大きさと味は関係がありますか？」

とくに気になったのがこの点だ。我ながら食い意地が張っている質問なのだが、ミカンなどは小さい個体のほうが甘かったりもするから、案外重要である。

手前に写っているメロンを狩った。チョキンする前にパチリしておく。

「それは関係ないですね。ですので、大きいもののほうがお得ですよ」

　ふむふむ、ならばとびきり大きいものを選ぼうと、いささか血走った目でハウス内のメロンを物色した。そうして、これは明らかにこの周辺で一番ビッグサイズだろうという一玉を見つけて――チョキン、チョキンと切った。

　ちなみにメロン狩りのやり方自体は簡単だ。借りたハサミで、蔓《つる》の左右を切ってT字にする。蔓の長さは、ちょうどメロンの外周に合わせるぐらいがベターだという。T字の部分に紐がひっかかっており、最後にそれをくぐらせて収穫する。

手に持ってみると、ずっしりと重い。ほかの果物のように何個も狩るのではなく、一玉だけなのだけれど、だからこそその重みに手応えを覚えるのだった。

「おお～っ、大きいの見つけましたね～」

満足のいく狩りができホクホク顔でハウスの外へ出ると、農園の人が褒めてくれた。嬉しいけれど、そう言われると、自分のがっつきぶりが気恥ずかしくもある。

収穫したメロンは、その場で専用の化粧箱に入れてくれるのだが、メロンが大きすぎるのか容積がぎりぎりで、箱が若干変形してしまったほどだ。

「箱から出して、すぐに冷蔵庫には入れ

これぞメロンな編み目模様と、T字形の蔓。箱に入れると高級感が増す？

ゴロンとした大玉メロンをスプーンですくいながら食べる。幸せな瞬間だ。

ず、一週間から十日ぐらい置いて下さい。蔓がしなびてきて、底の部分がやわらかくなったら食べ頃ですので」

狩ってもすぐに食べられないのはもどかしい。メロン狩りでは、カットメロンの実食がセットになるのはそれゆえのことだろう。

収穫を終えたら、再度受付をした場所までクルマで戻る。農産物直売所のような建物の奥に部屋があって、そこでいよいよメロンを味わえる段取りとなっている。

綺麗に切られ、お皿に載せられたメロンとご対面。涎《よだれ》が出そうになる。栽培さ

食い倒れを目的とした旅の締めくくりに「道の駅 田原めっくんはうす」へ。ここで野菜を買って帰る手も。

れているハウスを見てきたばかりだから、殊更ありがたみが大きい。

スプーンに加えて、なぜかストローが用意されていた。何に使うのだろうかと訝《いぶか》ったが、食べ始めてすぐに理解した。これは果汁を飲むためのものだ。果肉はとろっとろで、スプーンを入れるとじゅわっと果汁が湧き出てくる。それをストローでチューチュー飲むと幸福感に包まれる、というわけだ。

そんなわけで身も心も満たされつつメロン農園を後にしたのだが、渥美半島まで来たならついでに立ち寄りたいところがあった。「道の駅 田原めっくんはうす」である。全国各地にある道の駅の中でも、個人的にここはお気に入りのひとつ。とくに野菜などの農産物が充実している印象だ。田原市は市町村別農業産出額で五年連続日本一に輝いた実績も持つ。

行ってみると、ここでもメロンが大量入荷していた。そういう季節なのだ。マスクメロンだけでなく、タカミメロンやイエローキングなど種類も色々ある。

フードコーナーで売られているものもメロンソフトクリームやメロンスムージー、メロンパフェなど、メロン尽くしである。散々食べたばかりだというのに、メロンパンをお買い上げ。それを車内でつまみながら、帰路についたのだった。

21　渥美メロン

●愛知県田原市保美町段土165
●営業期間：4月29日～10月
●営業時間：9時～15時（予約制）
●料金：【例】6月1日～7月31日
メロン狩り＋カットメロン 2350円～
●電話：0531-32-0636
●アクセス：豊橋鉄道渥美線三河田原駅からバス→徒歩3分

※以上、「ニュー渥美観光」メロン狩り情報（時期などにより変動あり。ホームページにて要確認）

愛知県西尾市

22

一色《いっしき》うなぎ

西尾市一色町はうなぎの養殖が盛んで、生産量は全国トップクラスを誇る。養殖場が経営する「うなぎの兼光《かねみつ》」では、新鮮なうなぎをその場で開き、備長炭で強めに焼き上げる。外はパリパリ、中はふわふわ〜な絶品うなぎが病みつきに。

●住所：愛知県西尾市一色町一色東下二割18-1
●営業時間：11時〜14時30分／17時〜20時（オーダーストップは各30分前）
●定休日：火曜（祝日の場合は営業、翌日休業）
●電話：0563-73-6688
●駐車場：有（70台）
●アクセス：名鉄西尾線吉良吉田駅からタクシーで10分

※以上、「うなぎの兼光」情報

愛知県豊橋市

23

豊《とよ》橋《はし》カレーうどん

器の底にご飯ととろろという二層構造がユニーク。麺を食べ終わった後に残るルーを美味しく味わうための工夫だという。さらには、具には必ず豊橋産のウズラ卵が入っている。カレーうどんは、「玉川」をはじめ豊橋市内41店舗で提供中。

●住所：愛知県豊橋市広小路1-13
●営業時間：11時～21時（オーダーストップ）
●定休日：火曜　●電話：0532-52-5415
●料金：990円（豊橋カレーうどん ※普通サイズ）
●アクセス：JR・名鉄豊橋駅から徒歩3分

※以上、「玉川 豊橋広小路本店」情報

三重県四日市市

24

とんてき

ニンニクがたっぷり効いた、焼きたての厚切り肉が食欲をそそる。日本有数の石油コンビナート地帯である四日市。この地で働く労働者のために生まれたというガッツリ系の一品だ。添えられたキャベツも旨味たっぷり。ご飯はもちろん大盛で。

●住所：三重県四日市市

滋賀県彦根市

25

近江《おうみ》ちゃんぽん

長崎ちゃんぽんとの違いは、野菜や豚肉を手鍋で煮込んでいること。スープは京風だしがベースで、お酢や醤油、辣油などで好みに調整できるのもいい。発祥店「ちゃんぽん亭総本家」の彦根駅前本店には前身「麺類をかべ」の看板がいまも残る。

●住所：滋賀県彦根市旭町9-6
●開館時間：11時～23時（ラストオーダー30分前）
●電話：0749-23-1616
●アクセス：JR琵琶湖線彦根駅から徒歩2分

※以上、「ちゃんぽん亭総本家 彦根駅前本店」情報

第4章　神社・仏閣

26

鳳《ほう》来《らい》寺《じ》

「日本で三番目に長い」石段に挑む！

愛知県
新城市

CDやレコードの内容を知らずにジャケットだけで選ぶことを「ジャケ買い」というが、それと同じような感覚で地名だけで旅先を決めることも多い。いわば、「地名買い」である。我ながらいい加減なのだが、行ってみたら結果的にアタリということも多かったりするから、あながち的外れな方法でもない気がする。

鳳来寺を訪れたのは、まさにこの地名買いだった。なにせ、鳳凰《ほうおう》が来るお寺である。名前からして、きっと素敵なところなんだろうなあと興味を惹かれたのだ。

お寺があるのは愛知県新城《しんしろ》市。同名の山、鳳来寺山の中腹に位置する。

まず迷ったのが、どのようにして訪れるかだ。鳳来寺を訪れる際には、大きく分けて二つの選択肢がある。山の麓に広がる集落の中の参道を通り、石段を上って徒歩で登頂するルート。そして、クルマで一気に頂上付近までアクセスするルートの二つだ。後者のほうが手軽なのはいうまでもないが、あまりに楽すぎるのもつまらない。かといって、しんどいのも避けたいから歩いて上ると聞いて身構える気持ちも芽生えた。気になるのは、徒歩ルートの難易度だ。とりあえず地元の人に聞いてみた。

「大丈夫ですよ。クルマでも行けるのは足が悪い人や、お年寄りのためで、若者ならまあみんな上ってますよ」

ふむふむ、こんな風に諭されたら歩いて上るほかない。優柔不断な旅人としては、背中を押してもらった恰好になったのだった。

参道の途中にある「かさすぎ」という料理店の隣に大きな駐車場が用意されていた。県道三八九号から曲がって参道に入るところにも駐車場があるが、そこだと結構遠い。最初知らなくて間違えそうになったので、要注意である。

参道をさらに先へ進むと、登山道への入口手前付近にも駐車場があるのだが、台数は少なく有料とのこと。というわけで、おすすめは「かさすぎ」横の駐車場だ。

駐車場横の木戸址《あと》・一ノ門から参道を歩いていると、道端に設置されたおじいさんの

芭蕉が訪れたのは10月下旬。持病がひどくなったため、頂上まで上らずにひき返したという。

石像が目に留まった。椅子に腰掛けリラックスしたポーズのおじいさんで、なぜか頭の上にフクロウが乗っている。誰だろうかと思い、説明書きを読むと松尾芭蕉だったからおおっと唸《うな》った。かの有名な俳人もこの地を訪れたというが、内心密かに「また芭蕉か……」と苦笑いしてしまった。後日分かったのだが、芭蕉像の頭上の鳥は愛知県の鳥に指定されているコノハズクであった。

日本各地、とりわけ東日本を旅する中で、芭蕉の痕跡に出くわすことが多い。本当にびっくりするぐらいよく登場するから、もはや顔馴染みのようである。向こうからすれば、自分がフォロワーになるのだが。芭蕉は旅人としては大先輩なのである。

　そうそう、これは余談だが、芭蕉のほかにもう一人、日本各地を旅していて痕跡に出会う人がいる。歴史上の故人ではなく、ご存命の人物である。とくに観光地の食堂などでよくサインや写真が置いてあるのを目にする。誰だかわかるだろうか？

　答えは、石塚英彦《ひでひこ》さん。石ちゃんの愛称で知られるお笑いタレントだ。テレビの旅番組などでお馴染みの存在だが、彼もまた芭蕉以上にあちこちで現れる。

「また石ちゃんだ！」

　と驚き、出会うたびに嬉しい気持ちになっているのは、ここだけの話だ。芭蕉と石ちゃんは、自分の中でリスペクトすべき旅人界の二大レジェンドなのである。

　いきなり脱線してしまったが、鳳来寺への半日旅に話を戻そう。

名勝および天然記念物を示す石碑の先から石段が始まる。落ち葉の小道が秋の木漏れ日に照らされていた。

国の重要文化財に指定された仁王門。正面の「鳳来寺」の額は、光明皇后が書かれたものと伝えられている。

参道を進むと、やがて石段の入口に辿《たど》り着いた。ここからお寺まで約五十分、往復して下山するまでに約一時間半かかると書かれていた。あくまでも目安であるが、やはりそれなりに時間はかかりそうだ。

足を踏み入れると、静寂な中にどことなく張り詰めた雰囲気を醸し出す山の風景に変わった。両脇に杉の木が並ぶ石段を上へと上っていく。

すると、国の重要文化財に指定されている朱塗りの堂々とした仁王門（楼門）が現れた。説明書きには、徳川三代将軍家光が寄進したとある。さらに、正面の額「鳳来寺」は聖武天皇の病気治癒のお礼として、お寺に光明皇后が御染筆されたものだそうだ。

山道を歩き始めてすぐは思っていたより勾配はゆるやかで、これなら楽勝だなあと気がゆるみそうになったが、イージーモードなのは最初だけだった。道中の見どころのひとつである「傘すぎ」という名の名木を過ぎたあたりから一気に険しさが増した。

前方にまるで壁のように長い石段がそびえ立っているのを目にして、

「アレを上るのか……」

と、へこたれそうになった。石段の両脇が石垣になっていたりして、まるで山城のようだなあという感想も持った。

石段の脇にはしばしば、そこまでの段数が表示されている。「594段目」などと書かれていて、だいぶ上ったなあ、そろそろゴールかしら……なんて希望を抱きたくなるのだが、この石段、全部で千四百二十五段もあるのだとわかり絶望に変わった。

「まだ半分も上ってないじゃん……」

千四百二十五段は日本国内で三番目に長い石

傘のような形をした「傘すぎ」。樹齢800年を誇り、新日本名木百選にも登録されている。

壁のようにそびえ立つ石段を前にして闘志を震わせる。体力勝負の観光地だ。

段なのだという。一位は熊本県にある釈迦院で三千三百三十三段、二位は山形県の出羽三山のひとつ羽黒山で二千四百四十六段。ちなみに羽黒山へは数ヶ月前に行ってきたばかりだ。真夏の猛暑日に訪れて、汗だくになりながら上ったのを思い出す。

鳳来寺の石段はきついが、ひ弱な旅人の割に珍しく音を上げなかったのは、よりハードな羽黒山を体験していたからかもしれない。実は、自分でも信じられないほど早く石段を上り終えることができたのだ。山の中腹の本堂までにかかった所要時間は約二十五分だった。前述したように案内版によると約五十分が目安なので、わずか半分の時間で行けたことになる。

石段を上り終えると開けたスペースに出て、そこに本堂が建っていた。背後にそびえる屛風岩（鏡岩）の岩肌という景観もまた、いかにも山上のお寺という感じがして風情がある。寺の前にはベンチが設《しつら》えられており、山の下を一望できる展望台になっていた。上り終えた達成感に浸りながらしばし休憩するのに最適だ。

そもそも鳳来寺とはどんなところなのか。本堂近くに説明が出ていたので、ここで手短に紹介しておこう。七〇三年に

遂に本堂に到着。山上の風景が素晴らしく、呼吸を整えつつ写真を撮った。

徳川家ゆかりの東照宮にもついでに立ち寄って。聖なる地ながら、自然や歴史にも触れられるのが魅力だ。

利修《りしゅう》という仙人によって開山された。利修は三匹の鬼を従え、鳳凰に乗って空を飛び三百九歳まで生きたと伝えられる。病気になった文武《もんむ》天皇を治療したお礼として「鳳来寺」の名前を賜ったのが、その始まりである。

お参りを済ませた後は、平らな道を五分ぐらい歩いてついでに東照宮も見学した。東照宮といえば徳川家康だが、まさに家康ゆかりの東照宮がここ鳳来寺山にもあるのだ。

一六四八年四月、三代将軍家光が日光東照宮を参詣した折に、「東照社縁起」の第一巻に家康の誕生秘話が書かれていることに感銘を受け、鳳来寺に東照宮を建てることを命じた。そして一六五一年九月、四代将軍家綱のときに落成創祀された。日本三大東照宮の一つ

（諸説あり）。国の重要文化財に指定されているという。

位置関係を書いておくと、鳳来寺から東照宮へ向かう道をさらに先へ進むと駐車場がある。逆方向から続々と観光客がやってきたのだが、彼らはつまりクルマでここまで直接アクセスした人たちというわけだ。自分の足でがんばって上ってきた者としては、勝手に優越感に浸ったりもした。まあ自己満足であることは承知しているが。

ただし、本堂や東照宮がある場所はまだ山頂ではない。ここからさらに奥の院まで道は続いているのだ。そちらも気になるが、時間のない半日旅である。今回は本堂まで来て、引き返すことにしたのだった。

往路は意外と短時間で上れたものの、さすがは国内第三位を誇る石段だけあって復路もそれなりに大変である。石段の幅がかなり狭く、それでいて傾斜角度が急なので、足を踏み外さないよう恐る恐る歩を進めた。

そういえば、鳳来寺山は26ページで紹介した乳《ち》岩峡《いわきょう》に近い場所に位置する。あちらも山歩きだったが、体験内容は別物である。お寺の石段ということもあってか、なんだか修行のようだなあというのが率直な感想だ。

さらには、鳳来寺のほうが遥かに観光地化している。石段を下っていく途中で、頻繁にほかの参拝客とすれ違った。ぜえぜえ息切れしている人も多く、あとは下るだけの人間としては他人事のように「がんばれー」と内心エールを贈ったりもした。

「まだまだありますか？」

と聞かれることも一度や二度ではなかった。気持ちはわかる。これから上るという人からすれば、下りてくる人は勇者のように見えるものだ。

「もう少し、あと少しですよ」

期待に満ちた目で質問されると、ついそんな風に答えてしまう。「まだ半分以上もありますよ……」などと真実を伝えるのは憚《はばか》られるのだった。

26 鳳来寺

●住所：愛知県新城市門谷字鳳来寺
●電話：0536-35-1176（鳳来山東照宮）
●駐車場：有（190台）
※鳳来寺山頂パークウェイ駐車場
●アクセス：JR本長篠駅からバス10分
→表参道石段1時間

27

八《や》百《お》富《とみ》神《じん》社《じゃ》

海に浮かぶ小島から味のある水族館へ

愛知県
蒲郡市

竹島というと領土問題を抱えている島根県の離島が思い浮かぶのだが、ここで扱うのはもちろん愛知県の竹島の話である。蒲郡《がまごおり》市の沖合いにあって、橋で繋がっており歩いて渡ることができると聞いて興味を覚えた。

「江の島みたいな感じかしら？」

関東出身者としてはそんな風に想像しながら訪れたが、江の島と比べると規模はだいぶ小さかった。江の島同様、竹島にも神社がある。その名も「八百富神社」。竹島は島全体が聖域のようなところらしい。

日本全国色々な神社へ行ってみて感じるのは、どこにあるのかが神社にとって案外大きな意味を持つということ。行きにくい場所や、一風変わったところにあるとありがた

島といってもすぐそこに見える距離にある。潮風を浴びながらのんびり歩いて橋を渡りつつ聖地へ。

みが大きい（気がする）。その点、海に浮かぶ小島の上という八百富神社のロケーションには神秘性が感じられる。島は国の天然記念物にも指定されている。これぞパワースポットと言っていいだろう。

今回はクルマで行ったが、ＪＲ蒲郡駅から徒歩で約二十分ぐらいなので、電車で来るのも良さそうだ。駐車場のすぐそばが海岸で、小さな子どもたちが走り回っていたり、カモメが羽を休めていたりしてのどかな雰囲気である。

島はすぐそこに見えるので、さっそく橋を渡ることにする。橋の長さは三百八十七メートルとのこと。年が明けて間もない一月初旬に訪れたせいか、参拝客が結構多い印象だ。

島の入口には鳥居が立っていて、ここが聖地であることがうかがえる。石段を上っていくとすぐに境内に出た。やはり、それほど大きな島ではない。初詣はすでに別の神社で済ませていたが、神頼みは何度したって損はないだろう。無事お参りを終え、踵《きびす》を返したのだった。

以上、八百富神社でした――と話は終わりそうだが、待ってほしい。どちらかといえばここからが本題といえるかもしれない。再び橋を渡って戻ってきた後、隣接する水族館に立ち寄ってみた。「竹島水族館」である。

「そういえば江の島も、近くに水族館があるんだよなあ」

などと思い出しつつなんとはなしに訪れたのだが、これが予想外の大ヒット。

入館して第一印象は、ローカルな雰囲気の水族館というもの。メジャー感が漂う江の島の水族館と比べると、こぢんまりとしており水槽の数も多くない。

島から陸地を振り返る。後方、山の上に立つお城のような建物は「蒲郡クラシックホテル」だ。

ところが、おもしろいかどうかは規模の大小とは関係ないようだ。感心させられたのが、各水槽の説明文だ。よくある学術的な説明ではなく、ユーモラスな内容で目を奪われた。しかも、なんと手書きである。

たとえば、気になったのがウツボの水槽。「ウツボは実は…ファッションリーダー!?」という見出しと共に、「キモチわるい！って素通りしないで」「色とか柄とかオシャレでしょ」などというメッセージが添えられている。

いやはや新たな視点である。そう言われると、気持ち悪いと思っていたウツボ

ウツボは竹島水族館の人気者。顔は怖いけれど、実は臆病なのだとか。

こぢんまりとした水族館だが、アイデアが光る展示で楽しませてくれる。

がオシャレに見えてくるから不思議だ。

　ほかにも、履歴書のようなフォーマットで魚の生態を解説しているのもユニークだ。「魚歴書」というらしい。たとえばタカアシガニは性格の欄に「のんびりすぎて他の生き物が頭に乗っても怒りません」だとか、年齢は「忘れた」などと書いてあってクスッとした。もちろん、これらも手書きだ。

　やたらと凝った手書きのポップで他店との差別化を図る書店が話題になったりするが、喩《たと》えるならあんな感じの手作り感。小さいながらも、見せ方を工夫することで来館者が楽しめる仕掛けを施しているというわけだ。

偶然にも訪問したタイミングで竹島水族館がニュースの記事になっていた。「ショートテールナースシャーク」というアフリカのサメの繁殖に、国内で初めて成功し、赤ちゃんの展示が始まったのだという。魚マニアではないからもちろん初耳なのだが、レアものと聞くとありがたいものに思えてくる。係員に場所を教えてもらい、見学してきたのだった。

魚以外にはカピバラがいたり、アシカのショーが見られたりもする。カニに手で触れるタッチプールも目を引いた。とにかく全体的に独特な味のある水族館で、何度でも訪れたくなる魅力にあふれている。

聖なる島に参拝して、お魚に触れる。一度で二度美味しい半日旅になった。

27　八百富神社

●住所：愛知県蒲郡市竹島町3-15
●電話：0533-68-3700
●アクセス：JR蒲郡駅から徒歩15分

※「竹島水族館」のくわしい情報はホームページをご確認ください

28

猿《さ》投《なげ》神《じん》社《じゃ》

凜とした空気が漂う、まさに聖地

愛知県
豊田市

かの有名な日本武尊《やまとたけるのみこと》には双子の兄がいたという。その名を大碓命《おおうすのみこと》といい、父・景行天皇に東征を命じられたが拒み、美濃国に封じられたと日本書紀に記されている。古事記によれば、弟である小碓命《おうすのみこと》（後の日本武尊）に殺されたという。ともあれ、日本の古代史における重要人物であることは確かだろう。

そんな大碓命を祭っているのが、豊田市にある猿投神社だ。豊川市の砥鹿《とが》神社、知立《ちりゅう》市の知立神社と並び三河国の三宮のひとつに数えられる。創建は一九二年とかなり古いと聞き、御利益を求めて訪れることにした。

豊田市といえば、なんといってもトヨタ自動車であろう。気のせいかもしれないが、すれ違うクルマはトヨタ製が多めな印象も受けた。自分が乗っているクルマは他社のものなので、若干の後ろめたさを感じながら猿投神社を目指す。

神社に到着してまず思ったのは、古式ゆかしい佇《たたず》まいだなぁということ。駐車場を出てすぐのところに大きな鳥居が立っており、その先に社殿が見えた。この日は結構空《す》いていて、ほかの参拝客をほとんど見かけなかった。静寂に包まれた聖なる空間に身を置くだけで、早くも心が浄化されていく。

猿投神社では、左鎌を奉納して祈願する風習がある。掲げられた絵馬が左鎌の形を模していたりしてユニークだ。これは御祭神である大碓命が左利きであり、左鎌を用いてこの地を開拓したことが由来となっている。

境内は綺麗に手入れされているが、敷地の周囲に生い茂る樹木が野性味も感じさせる。都会の神社とは違った、山里の古社という雰囲気なのだが、猿投神社の背後には猿投山がそびえており、この山自体がいわゆる御神体とされている。麓の本殿とは別に、山頂付近には東の宮、西の宮もあると知り興味を覚えた。

山頂までは車道とは別に登山道も整備されており、麓から徒歩で登ることもできる。というより、登山コースとしては県内でもとくに人気の山であり、大半の人たちは山登り

まずは麓にある本社から訪れた。広々とした境内を散策しつつ、歴史ある社殿の立派さに息を呑む。

神社がある猿投山は人気の登山コースとして知られる。豊かな自然に触れながらの聖地巡りに。

を目的に訪れている。クルマで行くほうがむしろイレギュラーだと断言する。

猿投山の標高は六百二十九メートル。現地でもらった案内チラシによると、全線徒歩だと約五時間かかるという。なんだか申し訳ないが、今回は時間のない半日旅なので、クルマでショートカットさせてもらうことにしたのだった。

というわけで、麓の神社を後にし、山頂へとクルマを走らせた。ぐねぐねとカーブが続き、勾配のきつい狭い山道だ。

クルマで上ってくると、最初に現れるのが東の宮だ。入口には鳥居が立ち、階段が山の上へと続く。看板にはここから約九百メートル先と書かれており、二十分ぐらいで東の宮に辿り着いた。

その道中には、数多くの参拝客がいた。いや、登山客と言い換えてもいい。クルマは自分以外に一台も見なかったし、彼らはみな、麓からここまで歩いて登ってきたわけだ。

「こんにちはー」

すれ違う際にお互い挨拶を交わす。挨拶は山歩きの暗黙のルールであるが、ほかの人たちがしっかりとした登山ウェアに身を包んでいるのに対し、我が身があまりに軽装な

山頂付近に位置する東の宮へ。入口に立つ鳥居から片道約20分の山歩きだ。

ので場違いな気もしてくる。

　東の宮は、猿投神社を本社とする、東方の奥宮だ。創建は平安時代後期と推定され、足利尊氏が寄進した槍と鏡があったと伝えられている。これまた歴史ある社なのだなぁと恐れ入りながら、パンパンッと手を合わせてお参りを済ませた。

　来た道を引き返し、再びクルマを走らせる。東の宮からさらに奥へ進んだ先に、西の宮への入口を見つけた。同じように入口には鳥居が立っているが、周囲は東の宮よりもひっそりとしている。登山客の姿もまったく見かけない。ついでに言えば、携帯の電波も圏外である（ＮＴＴ

最後に西の宮へも立ち寄った。奥深い山中というロケーションで、本当に熊でも出てきそうな雰囲気だ。

ドコモの電波)。

漂う秘境感に手応えを覚えながら、階段を上っていく。ギョッとさせられたのが、熊に注意するようにとの張り紙だ。付近で目撃情報があったという。確かに熊が出てきてもおかしくないほどの山深いロケーションである。

熊の張り紙は東の宮でも目にしたが、あちらは登山客でごった返していたからそれほど心配する必要はなかった。翻って西の宮はというと、まったく人気《ひとけ》がなく、熊に遭遇したら自力で切り抜けるしかなさそうだ。熊よけの鈴代わりに、念のため携帯で音楽を流しておく。気休めではあるが、ないよりはマシだろう、ということで。

西の宮の創建は東の宮とほぼ同時代。こちらは南北朝時代の武将・児島高徳《たかのり》が寄進した太刀があったとされる。

また、西の宮の拝殿奥には先述した大碓命の御陵、つまりお墓がある。せっかくなので行ってみると、急な階段を上った先に、石塀で囲まれる形でそれは鎮座していた。宮内庁が管理しているようで看板も出ている。周囲には凛とした空気が漂い、ここが聖地であることを実感させられた。

麓の本社から始まり、東の宮、西の宮と順にお参りしてきた。神社巡りだけでも有意義だが、束の間の山歩きも楽しめて一石二鳥の半日旅となった。

28　猿投神社

●住所：愛知県豊田市猿投町大城5
●電話：0565-45-1917
●アクセス：名鉄豊田市駅からバス約35分

※クルマでの登山は基本的にはご遠慮ください。

29

古事記にも載っている有名な「お多賀さん」へ

多《た》賀《が》大《たい》社《しゃ》

滋賀県
犬上郡多賀町

本書は半日旅シリーズの四作目となるが、実は二作目の『京阪神発 半日旅』を書いた際にもここは紹介スポットの候補に挙がっていた。そのときは検討した結果、掲載には至らなかったのだが、今回改めて訪れることができた。

つまり、京阪神と名古屋のどちらからも半日旅で行ける距離にあるというわけだ。

滋賀県の多賀大社である。

「お多賀さん」の愛称で知られ、長寿、縁結び、厄除けなどに御利益があるとされる。

名古屋から向かうと、ＪＲ米原駅で近江鉄道に乗り換える。そして、その名も「多賀大社前」という駅で降りると、駅前に大きな鳥居が立っている。クルマを使わずとも、電車だけでも行きやすい立地というのが第一印象だ。

その日はあいにくの雨模様で、傘をさしながらの参拝となった。とはいえ、神社に限っていえば雨もまた風情があっていい。負け惜しみにも聞こえそうだが、多賀大社に来てみてそのことを実感させられたのだ。

荘厳な拝殿の、茶褐色の屋根が雨で濡れ艶めいて見えた。破風などにあしらわれてい

近江鉄道の多賀大社前駅で下車。駅舎の目の前に立つ大鳥居を、傘をさしながらくぐった。

威風堂々とした佇まいに息を呑んだ。周囲に漂う厳かな雰囲気に背筋がピンと伸びた。

豊臣秀吉ゆかりの太閤橋。雨なので渡るのは断念。飲酒時や、ハイヒールで上るのも危険だと書かれていた。

る金の装飾部分が上品な輝きを放っていた。

「絵になるなあ……」

と感激し、カメラが濡れるのも構わずに撮りまくってしまったほどだ。

悪天候のせいで人が少ないのもいい。滋賀県第一の大社というだけあって、境内はただでさえ敷地が広いから、人口密度が低く感じられる。初詣には五十万人近い人出になるというが、この日の光景からはとても想像できない。

もちろん、雨の日の訪問には、利点だけでなく残念なこともあった。

境内の表玄関には「そり橋」と呼ばれる石造りの橋があって、見どころのひとつとされている。そり橋とは、弓なりにぐぐーっと反り上がった形をしている橋のことだが、角度が急で危ないので雨の日は渡らないようにと注意書きが出ていたのだ。

なお、この橋は正式には「太閤橋」という。豊臣秀吉は、織田信長の家臣時代には近江の長浜城主だった縁もある。太閤ゆかりの大社でもあるのだ。

多賀大社の創建はかなり古く、古事記にも記載されている。祀《まつ》られているのは伊《い》邪《ざ》那《な》

しゃもじの形をした絵馬がユニークだ。
授与所には「ヒノキ杓子」なるお守りも。

延命を祈願する人がたえないという「寿命石」。
白石に住所・氏名を書いて奉納する。

岐命《ぎのみこと》と伊邪那美《いざなみ》大神《おおかみ》の二柱の神さまだ。我が国最初の夫婦神であり、天照大神《あまてらすおおみかみ》をはじめとする八百万の神さまを生んだとされる。

「お伊勢参らばお多賀へ参れ、お伊勢お多賀の子でござる」

と昔から謡われてきたという。「お伊勢お多賀の子」は、伊勢神宮が天照大神を祀った神社なので、その両親を祀っている多賀大社の子どもという意味だ。

歴史ある大社だけに、観光客にとっての見どころも多い。

ユニークなものとしては、絵馬がしゃもじのような形をしている。これは病気になった元正《げんしょう》天皇に、多賀大社の神主がおこわを炊いて、しでの木で作った杓子を献上したエピソードが由来。杓子は「お多賀杓子」と呼ばれる。

ほかにも多賀大社の名物といえるのが糸切餅だ。参道に並ぶ土産物屋では、多くの店でこれが店頭に並べられていた。あんこが入った白いお餅で、青と赤の二色の線が特徴的だ。試しに買って食べてみたが、甘さ控えめでいかにも和菓子という感じ。

拝殿でお参りを済ませた後に立ち寄りたいのが、奥書院とそこから見下ろす庭園だ。前者は県の有形文化財、後者は国の名勝にも指定されている。

奥書院へ続く通路。各界の著名人による絵馬が、壁に数多く飾られている。

拝殿に向かって左側の建物が祈祷の待合所となっているのだが、この建物の中に奥書院への入口がある。外からだとやや分かりにくく、授与所の人に聞いて場所を教えてもらった。奥書院および庭園に入るには三百円の初穂料が必要だが、これはその際に授与所の人に納めて拝観券を頂戴した。

奥書院は多賀大社で最も古い建物になる。江戸時代に描かれた狩野派の絵師による襖絵の絢爛さに息を呑んだ。ただでさえ境内が空いているうえに、奥書院まで来る人は珍しいのか、訪問時には自分以外には誰もいなかった。静寂の中で歴

奥書院庭園には静寂さが漂う。しばし時を忘れて見入ってしまった。

史ある庭園に向き合う時間は、本当に贅沢である。

庭園もまた苔むして和の風情がたっぷりだ。前述したそり橋同様、ここもまた太閤にまつわるエピソードが伝えられている。天正十六年、秀吉は母・大《おお》政《まん》所《どころ》の病気平癒を祈願するために、多賀大社に米一万石を奉納している。そり橋や庭園はその奉納によって築造されたのだという。

多賀大社には、秀吉のほかにも数々の歴史上の偉人たちにまつわる社伝が残されている。たとえば、同じく戦国大名としては武田信玄もまた、厄年の二十五歳のときに、ここで厄除け祈願している。

　さらには歴史上の人物だけでなく、近現代の著名人も多数参拝しているようだ。奥書院へ続く通路の壁には各界の有名人から奉納された絵馬がたくさん飾られており、一通り見て回ると「あっ、こんな人も来てるんだ！」と発見がある。

　名古屋的な視点からいうと、元中日ドラゴンズの岩瀬仁紀《ひとき》選手の絵馬があったのが嬉しかった。実は筆者は小学生の頃からのドラゴンズ・ファンなのだ……って、それはまあ蛇足なのだけれど。

29　多賀大社

- 住所：滋賀県犬上郡多賀町多賀604
- 拝観料：300円（奥書院庭園拝観料）
  ※参拝は無料
- 電話：0749-48-1101
- 駐車場：有
- アクセス：近江鉄道多賀大社前駅から徒歩10分

三重県桑名市

30

多《た》度《ど》大《たい》社《しゃ》

写真：多度大社

鳥居をくぐると神馬《じんめ》（錦山《きんざん》）が出迎えてくれる。生きた御神馬が奉仕しているのは全国的にも珍しい。手前にある上げ坂では、毎年5月4・5日の「多度祭」で「上げ馬神事」が行われる。本宮、別宮が並ぶ最奥部は樹木に囲まれ神秘的な雰囲気。

●住所：三重県桑名市多度町多度1681
●電話：0594-48-2037
●駐車場：有（80台）
●アクセス：養老鉄道多度駅から徒歩20分

愛知県犬山市

31

桃《もも》太《た》郎《ろう》神《じん》社《じゃ》

観光名所が多い犬山でも屈指の珍スポットとして根強い人気を誇る「子供の守り神」。桃太郎と猿、犬、キジのほか、老夫婦や鬼など説話に基づいた像が点在する光景はいい意味でシュール。個人的にはタイの寺院のようだなぁという感想も。

●住所：愛知県犬山市栗栖大平853
●料金：200円（宝物館）
●電話：0568-61-1586
●駐車場：有（200台）
●アクセス：名鉄犬山遊園駅からタクシー5分

岐阜県関市

32

日龍峯寺《にちりゅうぶじ》

京都の清水寺と同じ懸造《かけづくり》の本堂が絵になる。岐阜県内でもとくに古く、通称「高澤観音《たかさわかんのん》」として親しまれている。北条政子によって建立された多宝塔も。大晦日のNHK「ゆく年くる年」で中継されていたのを観て、気になっていたスポットだ。

●住所：岐阜県関市下之保4560
●電話：0575-49-2892
●駐車場：有（50台）
●アクセス：長良川鉄道越美南線関駅からバス→徒歩45分

愛知県日進市

33

白《はく》山《さん》宮《ぐう》境《けい》内《だい》社《しゃ》 足《あし》王《おう》社《しゃ》

足腰の神さまであることから、「サッカー神社」として崇《あが》められている。なでると痛みがとれるとされる「痛みとり石」が祀られている。境内にはサッカー日本代表が奉納した大きな絵馬も。何より、神社とは思えない斬新な建築に目を奪われる。

●住所：愛知県日進市本郷町宮下519
●電話：0561-73-1818
●駐車場：有（260台）
●アクセス：名鉄赤池駅からタクシー10分

第5章 博物館・美術館

34

世界旅行を疑似体験！ 各国の珍しい料理も充実

野外民族博物館《やがいみんぞくはくぶつかん》 リトルワールド

愛知県
犬山市

その存在を知ったきっかけは、東京都内を走る電車の車内広告だった。もう何年も前のことなので詳しい内容は忘れたが、世界旅行を疑似体験できるテーマパークなのだと紹介されていた。この手の「日本にいながら海外旅行気分に浸れる」系のスポットには目がない人間なので、さっそく週末にでも行ってみようかなと思ったのだが、よく見ると場所が愛知県の犬山市と書かれていて戸惑った。

「えっ……愛知県って、遠くない？」

繰り返し書くが、東京都内を走る電車の車内広告である。てっきり首都圏近郊にあるものだと勘違いしたというか、なぜそんなにも遠いところの広告が出ているのか謎なのだが、とにかく思い立ってブラリと行けるような距離ではないのだった。

再びその存在が気になり始めたのは、名古屋へプチ移住することになってからのこと。

「そういえば、愛知におもしろそうなところがあるんだった」

と、思い出したのだ。東京からだと遠すぎるけれど、名古屋からならほどよい距離で、半日旅にはまさにうってつけのスポットだろうと狙いを定めた。

訪れたのは、年の瀬が迫った十二月下旬の土曜。東京の電車内にまで広告を出しているぐらいだから、結構混んでいるのかもしれないと身構えていたが、行ってみたら休日の割には駐車場はそれほど混んでいなくてホッとした。子連れなので、やはり空《す》いているほうがありがたい。

駐車場から入口へとてくてく歩いて行くと、まず目

フィリピンの乗合バスが展示されていた。モノクロ写真で伝わりづらいが、派手なカラーリングで目を引く。

を奪われたのがジープニーだ。ジープニーというのはフィリピンでお馴染みの乗合バスの一種で、デコトラのようないかついフォルムに派手なカラーリングが目を引く。リトルワールドのジープニーは車体がイエローに塗られており、青い空に映えていた。

「なつかしいなあ……、フィリピン、最近行ってないよね」

と、遠い目をして言ったのは妻だ。彼女は小さい頃に同国に住んでいたことがある。

入園前から早くも海外旅行気分が盛り上がったのだが、中へ入って最初のエリアが外国ではなく日本国内の文化を紹介するものだった。といっても、鹿児島県の沖永良部《おきのえらぶ》島や沖縄県の石垣島といった離島なので、本州と比べると異国感はある。

手前から順にドイツ、フランス、イタリアの建物。欧州の国々が集まったエリアで食事処も充実している。

気になったのは、琉球家屋が並ぶ一角に飲食スペースが出ていたことだ。その名も「めんそーれ」という店では、沖縄そばやブルーシールのアイスクリーム、サーターアンダギーなどが食べられるとのことで、どれも大の好物なのでいきなり寄り道しそうになったが、まだ入園したばかりだからとグッと堪《こら》える。

島文化の次は、北海道のアイヌの村が再現されていた。南からドーンと一気に北へ飛ぶ。国内のこととはいえ、アイヌ文化というのはあまり馴染みがなく、「村」と書いて「コタン」とルビが振ってあったりして色々と興味深い。大きなヒグマの像と記念写真を撮れる演出などは、いかにも北海道らしいなあ。

続いて現れたのは台湾の農家だ。再び、南へ。ようやく外国になった。台湾は個人的比較的訪問頻度高な国だが、旅行で訪れるのは都会ばかりなので、農家というのはなかなか新鮮だ。広場を囲むようにして平屋がコの字形に建てられている。民族衣装を着て撮影を楽しんでいる人たちがちらほらいて目を奪われた。リトルワールドでは国ごとに衣装が用意されており、レンタルできるという。ある意味、このテーマパークのメインの楽しみ方と言ってもいいだろう。

「わたしもドレスが着たい！」

と、目を輝かせたのは長女だ。現在四歳の彼女の最大の関心事はプリンセスで、家でも普段からシンデレラやアリエルの衣装を着てお姫さまの世界に浸るということを繰り返している。

聞くと、子ども向けの衣装も用意されているというので借りることにした。しかも嬉しいことに、普段は五百円のところ、この日はなんと百円でいいという。年末の「お客様感謝祭」で、三日間限定の特別価格なのだそうだ。

「かなりお得なので、たくさん着ていってくださいね！」

と、衣装係のスタッフが教えてくれた。台湾だけでなく、園内のほかの国々のレンタル衣装もすべて百円

お約束の顔出しパネル。きっとあるだろうなあと予想していたが、見事に置いてあって嬉しくなった。

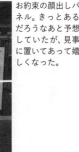

と言われ、突如としてコスプレ熱が高まった。外国の建物が建つ異国情緒漂う景色の中で、色彩豊かな民族衣装を着て写真を撮る。これほど「映《ば》え」るシチュエーションはないだろう。撮影スポットにはセルフタイマーで撮るためにカメラやスマホを置ける台が設置されているという親切設計だったことも紹介しておく。

まるでお妃様のような豪華に装飾されたチャイナドレスを着てご満悦の長女。一方で、悲鳴を上げていたのが二歳の次女だ。台湾の農家にはお面が置いてあって、自由にかぶ

お面の人が怖くて泣きべそモードの次女の後ろで、お姫さま気分に浸る長女。

ペルーを旅したときによく目にした民族衣装。アルパカと一緒に撮りたい？

実物を知っているとより楽しめる。写真を見せて「海外に行ってきた！」と言い張ったら信じてもらえそう。

れるようになっているのだが、それをかぶっている人を見て怖くなってしまったらしい。福助みたいな表情のお面で割とファニーな印象を受けるのだが、そういえば夏祭りのひょっとこなども怖がっていたし、幼児には刺激が強すぎるのかもしれない。

すっかり怖《お》じ気づいてしまった次女は、その後もずっと「抱っこ！」モードに。

「このあとバリ島もあるけど、ガルーダとか見たらまた泣いちゃうんじゃない？」

などと冗談で言っていたら、本当にバリ島のところにガルーダがいた。ヒンドゥー教の神話に出てくる鷲なのだが、見た目からして次女が絶対に怖がりそうなおどろおどろしさだったので、彼女の目に入らないようサササッと退散したのだった。

ヒンドゥー教の神話に出てくるガルーダ。再現度が高い一方で、子どもには刺激が強すぎるかも。

そうそう、基本的なことを書き忘れたが、リトルワールドでは世界各国の文化を順に追っていくような構成になっている。ゾーンⅠからゾーンⅧまで計八つのゾーンに分かれており、ざっくりではあるが、アジアやヨーロッパなど実際のエリア区分に近い（厳密ではない）。

見学コースはぐるりと巡って出発地に戻ってくるような形で、一周約二・五キロもある。所要時間の目安は約二時間と書かれていた。歩くのがしんどいという人には、園内を周遊しているバスもある。約十分間隔で運行しており、運賃は五百円。バスに乗ったとしても一周するのに約二十分もかかるという。いやはや、結構広大なのだ。

あとこれは実際に来てみて意外だったのだが、リトルワールドで展示されている世界各国の建物などは基本的に原寸大である。「リトル」と名前に冠しているぐらいなので、ミニチュアで再現されているのかと思い込んでいた。栃木県にある「東武ワールドスクウェア」はまさにそんな感じなので、似たようなスポットかなと勘違いしたのだ。

しかも、復元したものだけでなく、現地から移築したものもあるという。オリジナルに忠実であるがゆえに、写真に撮ると本当にその国を旅しているかのように見える。

ドイツといえばビール！　運転係ならお酒はお土産を買って帰る手も。

「バリ島に行ってきた！」

などと嘘をつきつつ、誰かに写真を見せたら信じてもらえそうなほどだ。

さらには、前述したように、写真撮影を楽しむのなら民族衣装を借りるというオプションもある。我が娘たちは台湾に続き、ペルーでインディヘナに扮してみたり、インドでサリーを着たりと、世界一周コスプレ大会が繰り広げられた。

中でも娘たちが大喜びしたのがドイツだった。グリム童話で有名な白雪姫のドレスが用意されていたのだ。小さなプリンセスたちを見て羨ましくなったのか、妻も追加で衣装を借りた。三人の白雪姫が

台湾の食事処は外観からして雰囲気が出ている。日本にいながらにして本場の味が楽しめるのは魅力だ。

勢揃い。お父さんは当然のように写真係なのであった。

ちなみに食事もドイツでとった。各国ごとに飲食コーナーが用意されており、どれも美味しそうなので目移りするのだが、同行していた友人がビールを飲みたそうだったのでドイツに。そういえば、この友人とは以前にミュンヘンのオクトーバーフェストへ一緒に行ったこともある。自分はクルマの運転があるのでビールはガマンしたが、本場のソーセージは絶品だった。

ほかにもたとえばアジアならば、台湾では小籠包やタピオカミルクティー、バリ島ではナシゴレンやミーゴレンなど定番グルメが一通り揃っていた。ヨーロッパではフランスのアルザス料理――日本ではマイナーだが実はめちゃくちゃ美味しいのだ――にも惹かれたし、イタリアでは普通にピザやパスタなども食べられる。

変わったところでは、アフリカではワニの手唐揚げやダチョウの串かつ、ラクダのソーセージなどがメニューに並んでいた。ペルーではピラルクのフライなどもあって、日本ではリトルワールドでしか食べられないのだという。インカコーラも売られていた。インカ帝国の歴史を持つ同国らしいネーミングの黄色いコーラである。

海外には興味がないが、珍しい食材にはチャレンジしたいという人にもリトルワールドはオススメだ。全体的にグルメに関して力が入っている印象を受けた。世界じゅうの美味しいものが集まっており、食いしん坊には天国のようなところなのだ。

ドイツやフランスといったヨーロッパが集まったゾーンが、見学コースのちょうど中間ぐらい。昼食を済ませてお腹がいっぱいになったこともあり、後半戦は正直少しだれてきた。一周二・五キロはやはりそれなりに距離がある。子どもたちも疲れたのか、だんだんグズグズしてきたので、前半戦よりも足早に見ていった。

ぐるりと回って入口に帰ってきたあとは、お土産を買い漁る楽しみもある。ショップの品揃えも非常に充実しており、物欲が刺激された。子どもたちにはエスニックな手鏡を、大人は世界のビールセットをお買い上げ。

年末のキャンペーンで抽選会をやっていて、千円購入で一回引けるというのでトライしてみた。一等はなんと五万円分の旅行券というから色めき立ったが、ガラガラ回してみると白い玉が出た。参加賞として世界のお菓子をいただいたので、それを車内でつまみながら帰路についたのだった。

34　野外民族博物館 リトルワールド

●住所：愛知県犬山市今井成沢90-48
●開館時間：季節によって変動あり。ホームページにて要確認
●休館日：ホームページにて要確認
●入館料金：1800円
●電話：0568-62-5611
●アクセス：JR犬山駅からバス20分

35

好みのタイルを使って創作小物づくり！

多治見市《たじみし》モザイクタイルミュージアム

岐阜県
多治見市

プチ移住をしに名古屋へやってきて、マンションに入居した翌日にまず最初に出かけたのが多治見だった。なぜ多治見なのかというと、「ころうどん」が食べたかったからだ。その地ならではのグルメを味わいたいのは旅も移住も変わらない。いわゆる名古屋めしの中でも、とくに気になっていたのがころうどんだった。

「うどんなら子どもたちも食べられるしね」

と、妻も乗り気になったので、一家で半日旅に出かけたのである。

多治見はころうどんの発祥の地とされ、市内および近隣にはうどんの名店が点在する。出発前にリサーチして、今回は「郁兵衛《いくべえ》」（土岐市）というお店を訪問した。住宅街の中にひっそりと佇《たたず》む古民家風の店で、大変美味しかったし、お店の方の気配りが素晴らし

生わさびを自分でおろして薬味にする。とろろご飯も美味しかった。

く、子連れでも非常に居心地がよかったのだが、うどんの話は前置きで本題はここからだ。

せっかく多治見まで来たのだから、うどんだけ食べて帰るのももったいない。どこか一箇所ぐらい立ち寄りたいねということで、向かったのが「モザイクタイルミュージアム」だった。体験工房があり、タイルを使って小物が作れるのだという。

「小さなお子様も楽しく簡単に作ることができます」

と、サイトの案内ページに書かれているのを見て興味を覚えた。子連れで旅をしていると、どうしても子ども優先で行き先を選びがちなのだが、結論から言うと、この選択が大正解だった。モザイクタイルミュージアム、めちゃくちゃ楽しめたのだ。

我が娘たちの年齢は四歳と二歳。普段から工作好きの上の子は大丈夫としても、まだ幼い下の子でもできるアクティビティとなると結構限られる。難しかったら次女の分は親が代わりに作ろうかと相談していたのだが、行ってみたら二歳児でもまったく問題なく行える体験内容だったのでホッとした。

どんな感じなのか簡単に紹介すると、まず最初にタイルを選

まずはタイル選びから。家でもよくビーズ遊びをしているので似たような感覚で楽しんでいそうだった。

選んだタイルをボンドで貼り付けていく。この手のアクティビティで2歳児でもできるものは貴重だ。

ぶ。テーブルにずらりと並べられた赤、青、黄色、緑といった多種多様な色のタイル。さらには形も正方形や円形のほか、ハート形などさまざま。迷うほど用意された膨大な種類のタイルから、自分の好きなものを選んでいくだけでもう娘たちは大興奮だった。

タイルを選び終わったら、それをフレームに貼り付けていく。木工用のボンドで付けるだけの簡単作業だ。作れる小物はいくつか種類があって、今回はフォトフレームとハンガーをチョイスした。タイル選びから貼り終わるまで約三十分。予約などは不要だし、料金もワンコイン

フォトフレームやハンガー、コースターなど色々作れる。値段も手頃だ。

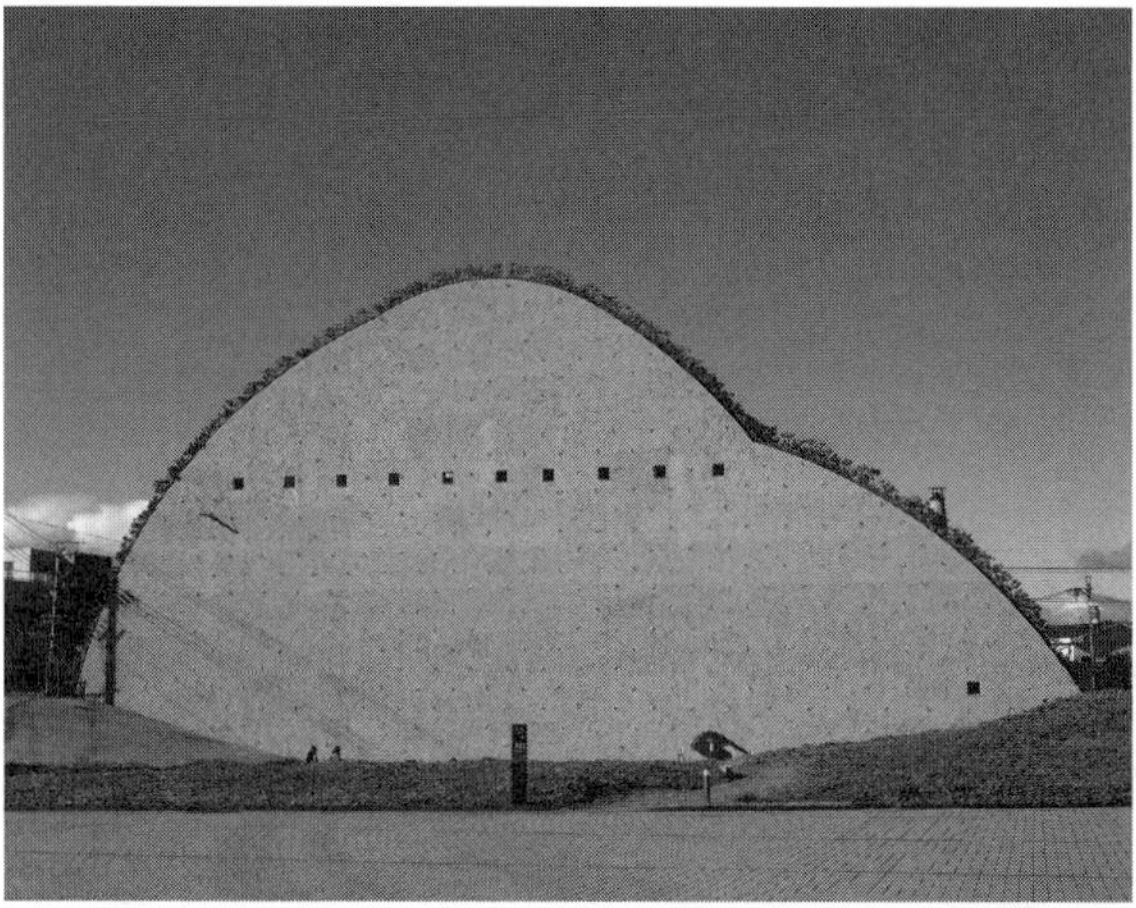

ほかでは見たことがないユニークな外観。入る前からテンションが上がった。

の五百円と、とにかくお手軽なのがいい。

　貼り付けたタイルのボンドが乾くのを待つ間に、ミュージアム内を見学することにした。ミュージアムの入館料も大人三百十円と手頃だ。実は、自分としてはこのミュージアム自体にも強い興味を覚えていた。一風変わったミュージアムなのだ。

　なにせ建物の外観からして非常に個性的だ。目にした瞬間、「おおおおっ！」と声が出た。窪んだ地面にめり込むようにして土色の平らな壁がデデーンと屹立《きつりつ》している。丸みを帯びた山のようなシルエットに、小さな四角い窓が横一列に等間隔で並ぶ。

「なんだかジブリ作品に出てきそうな感じだねえ……」

と、妻が感想を漏らした。いい意味で奇抜なデザインといっていいだろう。背後に電柱などがなければ、ファンタジー世界に迷い込んだようだ。

設計を担当したのは建築家の藤森照信氏。外観からしてぶっ飛んでいるが、内部もまたユニークだ。館内は四階建てなのだが、一階から四階まで大きな一つの階段が続いており、巨大なトンネルのようになっている。外壁同様、内部の壁や天井も土色で統一されており、この長い階段は登り窯をイメージしたものというから、なるほどと得心した。

体験工房や受付があるのは一階で、二階〜四階の各階が展示室となっている。メインとなるのは四階だと

内部も1階から4階までひとつの階段で繋がっているのがおもしろい。

4階は半屋外になっている。不思議な空間に子どもたちも大喜びしていた。

聞いて、最初に四階まで一気に階段を上ったら息切れした。上りきってからエレベーターがあることに気がついて嘆息もした。

とはいえ、四階の展示室に入った瞬間、疲れが吹き飛んだ。これまた想像した以上に幻想的な世界が広がっていたからだ。モザイクタイルで作られたオブジェに埋め尽くされた空間は、まるで現代アートの作品を並べた美術館のようなのだ。どこを切り取っても写真映えするので、パシャパシャ撮りまくってしまった。

驚いたのは、この四階展示室は半屋外の構造になっていること。雨が降ったら作品が濡れてしまいそうだが、タイルだから問題ないらしい。訪れたときは最初曇りだったが、陽が出た瞬間に外光が差し込んできて美しさがさらに増した。構造的にやはり晴れの日がオススメといえるだろうか。

　多治見でタイル製造が始まったのは大正時代のこと。戦後、国内だけでなく、海外からも高い評価を得てタイル産業が隆盛する。要するに、この地の地場産業というわけだ。

　三階展示室では多治見のタイル産業の歴史や、タイルの製造工程などが詳しく紹介さ

モザイクタイルについて学びたい人は3階へ。昭和のタイル見本など、貴重な展示も多数。

れている。アートスペースのような四階からは一転して、博物館らしい知識欲を満たしてくれる展示内容となっておりこちらも興味深い。

そもそも、モザイクタイルとは何か。ここに来て初めて知ったのだが、表面積が五十平方センチ以下の小ぶりなタイルのことを指すのだという。ひとつずつはやきものの小片にすぎないのだけれど、組み合わせ次第で無限に表現の可能性が広がる。想像力豊かな子どもにとっては、これほど刺激的な創作物もないだろう。

展示室を一通り見て一階の体験工房に戻ると、無事ボンドが乾いていた。出来上がった自分の作品を長女が大事そうに手にとったのを見て、自分も嬉しくなった。

35　多治見市モザイクタイルミュージアム

- ●住所：岐阜県多治見市笠原町2082-5
- ●開館時間：9時〜17時（入館は16時30分まで）
- ●休館日：月曜（祝休日の場合は翌平日）
- ●料金：310円（常設展観覧料）
- ●電話：0572-43-5101
- ●駐車場：有（約180台 ※共用）
- ●アクセス：JR多治見駅からバス17分

36

浜《はま》松《まつ》市《し》楽《がっ》器《き》博《はく》物《ぶつ》館《かん》

見る！ 聞く！ 触れる！ 珍しい楽器のオンパレード

静岡県
浜松市

本当は別のところへ行くつもりだったのだが、当日になって急遽予定を変更してここを訪れた。なぜかというと、あいにくの天気だったからだ。雨が降ったら、潔くあきらめる――これもまた半日旅の心得のひとつである。

なるべく濡れずに行けそうなスポットという基準で選んだのが、「楽器博物館」だった。楽器生産が盛んな浜松市ならではの施設と言っていいだろうか。

その日の雨は結構な大降りで、傘をさしても濡れそうなほどだったから、可能な限り外を歩かずに済む場所が良かった。その点、楽器博物館は条件をクリアしていた。浜松駅のすぐそばにあって、しかも駅に直結する屋根付きのペデストリアンデッキをてくてく歩いて行けば辿《たど》り着く。雨の日に行くにはうってつけの旅先なのだ。

その名の通り、楽器に関する博物館である。日本初の公立の楽器博物館なのだという。

館内は二フロア構造で、第一展示室から第四展示室まである。特徴的なのはそれぞれの楽器の地域別に分かれていることだ。入館するとまず日本およびアジアの展示があり、階段を地下へ降りるとオセアニア、アフリカ、アメリカ、ヨーロッパがそれぞれ地域ごとにまとまっている。大陸から別の大陸へと移動していく感覚が楽しく、まるで世界一周しているような気分に浸れるのがいいなあと感心させられた。

展示している楽器はなんと約

バリ島の聖獣バロンが一際目を引く。音楽を通じて、世界各国の民族文化に触れられるのが魅力だ。

東南アジアの土産物屋などでよく目にする木製のカエルも。付属の棒を前後に擦るとゲロッゲロッと鳴く。

ミャンマーのサイン・ワイン。仏教儀礼や舞踏、演劇の伴奏等で使われる。

千五百点にも及ぶ。地域ごとの内訳を見ると、一番多いのがアジアで四百二十点となっている。

実際、アジア関連の展示はとくに目立っている印象だ。大規模な楽器が多いせいもあるだろうか。バリ島のガムランや、韓国の宮廷楽器は楽器単体ではなく楽団全体を再現するような体裁で展示されていて、広い面積を専有している。

中でもひときわ強い存在感を放つのが、ミャンマーの「サイン・ワイン」という大型楽器だ。太鼓やゴングを中心とした打楽器群で、仏教儀礼や舞踏、演劇などで使われているという。楽器といっても、まるで舟のような形をしており、しかも全体的にゴールドでキンキラ。羽根の付いた龍のようなオブジェが飾られていたりして、とにかく煌《きら》びやかである。

僕はミャンマーの旅で訪れた仏教寺院を思い出した。かの国の寺院はまさにこの楽器のようにキンキラで、とにかくド派手なのだ。屋根の上にはダイヤモンドなどの宝石がちりばめられているほどで、その豪華絢爛さはタイやラオスといった周辺諸国の寺院と比べてもワンランク上という感想である。

博物館は一風変わった楽器のオンパレードで、単にそれらを見て歩くだけでも

親指ピアノは大きなひょうたんの中で演奏することで音が増幅される。

満足できるが、旅の記憶をたぐりながらだとさらに臨場感が増す。実は個人的に狙いを定めていた楽器があった。自分が世界一周したときのエピソードの中でも、その楽器にまつわるものはとくに思い出深い。

何かというと、親指ピアノである。現地での呼び名は「ムビラ」という。アフリカ大陸南部の国ジンバブエの楽器だ。

ジンバブエには一ヶ月近く滞在したことがあり、泊まっていた宿ではみんなでこのムビラを弾くのが大ブームになっていた。自分たちもすっかり感化されてしまい、ムビラの虜になった。最初のうちは誰かが弾くのを聞くだけだったが、次第に自分でも弾いてみたいと考えるようになった。そこでマイ・ムビラをゲットするために、路線バスを乗り継いで郊外にある職人さんの家までオーダーしに行ったのだ。

世界じゅうの楽器が展示されているのだから、ムビラもきっとあるだろうなあ……と密かに期待しながらアフリカの展示エリアをキョロキョロしていた。そうしたら、なんと単独でコーナーが作られるほどじっくり紹介されていたから感激した。現物と再会するのは十数年ぶりだろうか。

設置されたヘッドホンで実際の演奏音を聞けるのが、いかにも楽器の博物館という感じで素晴らしい。

展示は「親指ピアノ」というテーマで、ジンバブエ以外の国々のものも一緒に並べられていた。地域や民族によって呼び名が違うものの、基本的な構造は同じだ。両手で左右を持ち、両親指で弾くようにして音を鳴らす。

この楽器博物館では、展示されている楽器を実際に演奏したときの音も聞ける。すべての楽器ではないものの、ところどころにヘッドホンが設置されており、ボタンを押すと演奏が流れる仕組みで、これが大変わかりやすくていい。

親指ピアノのコーナーでは、嬉しいことに試聴できる楽器がムビラとなっていた。モニター画面ではムビラのライブ映像も流れていた。親指ピアノのやさしい音色のメロディを耳にしたら、懐かしくて涙が出そう

有名なものから、知る人ぞ知る楽器までさまざま。過去に訪れた国の楽器を見つけるとうれしくなった。

ピアノやオルガンといった鍵盤楽器も多数展示されている。見た目が大きいせいか、とくに存在感がある。

になった。

一方で、身近なようでいて、意外と知らなかったのが日本の楽器類だ。三味線や琵琶といった弦楽器のほか、法螺貝まで展示されていてまさに博物館の名に恥じない展示ボリュームだ。伝統的な楽器だけでなく、ピアノやオルガンなど近現代のものもしっかり押さえてある。

シンセサイザーの変遷にも興味を惹かれた。坂本龍一やスティービー・ワンダーなども使用していたという名機「DX－7」は日本楽器製造株式会社、現在のヤマハが手がけたものだ。世界的な楽器メーカーが生まれた浜松にある博物館なのだなあと改めて考えると、なんだか妙に説得力が感じられるのだった。

「みる・きく・ふれる」

博物館の入場券には、そんなキャッチコピーが書かれている。見て、聞くだけでなく、さらには「ふれる」ことができるのもここのウリで、体験ルームが用意されているので最後に立ち寄ってみた。

展示室で見て気になっていた楽器の一部を、実際に自分で弾くことができるのだ。たとえばモンゴルの馬頭琴や、カリブの島国トリニダード・トバゴ発祥のスチールパンなどユニークな楽器が置いてある。

伝統的な楽器だけでなく電子楽器なども。音楽好きにはたまらない博物館だ。

スチールパン、実は前から一度やってみたかったのだ。ドラム缶をトンカチで叩いて音階をつくる楽器で、体験ルームではどの部分を叩くと「ド」「レ」「ミ」になるのかがそれぞれ書いてあって、素人でもいちおう演奏を体験できる親切仕様である。

子どもたちも楽しめそうなので、次回は家族で来てもいいかもなあと思いながら退館。まだ雨が降り続いていたので、屋根付きのペデストリアンデッキを辿って駅へ戻る。浜松といえば餃子だろうと、駅ビル内で浜松餃子を食べて帰路についたのだった。

36 浜松市楽器博物館

●住所：静岡県浜松市中区中央3-9-1
●開館時間：9時30分～17時
●休館日：第2・4水曜
（祝日の場合は翌日）※8月は無休
●料金：800円（常設展観覧料）
●電話：053-451-1128
●駐車場：無
●アクセス：JR浜松駅から徒歩10分

37

伊《い》賀《が》流《りゅう》忍《にん》者《じゃ》博《はく》物《ぶつ》館《かん》

「カラクリ屋敷」「資料」「実演ショー」――すべてがハイクオリティ

三重県
伊賀市

方向感覚には自信を持っているが、珍しく道に迷ってしまい、ぐるぐる行ったり来たりしてしまった。駐車場が微妙に分かりにくい場所にあったことも理由のひとつだ。看板の類いが見当たらず、当てずっぽうで路地に入ってみたらようやく辿り着いた。

とはいえ、まるで隠れるように位置しているのもまた忍者の里ならではである。

「さすがは伊賀なのだなあ」

と、好意的に解釈しながら車を停めたのだった。

伊賀へやって来ていた。目的はもちろん、忍者である。

伊賀といえば忍者であり、忍者といえば伊賀である。異論はないだろう。なにせ、伊賀市が公式で「忍者市」を宣言しているほどである。

ちなみに宣言したのは二〇一七年二月二十二日のこと。なぜこの日なのかというと、「忍者の日」だからだ。二月二十二日は「222」で「ニンニンニン」と読む。そうか、忍者の決め台詞は「ニンニンニン」であったなあ。

ともあれ、伊賀では町ぐるみで忍者を推しているというわけだ。そして、同市における忍者観光の目玉というべき存在が、今回訪れる「伊賀流忍者博物館」である。

博物館のすぐそばには、伊賀上野城がある。藤堂高虎により築城されたもので、日本100名城のひとつ。

入口付近に立つ古民家は忍者屋敷を再現したもの。どんでん返しや隠し階段、仕掛け戸などカラクリ多数。

博物館は伊賀上野城のある上野公園敷地内に作られている。お城というと広そうだし、さらに彷徨《さまよ》うことになるかも……と覚悟したが、クルマを降りてからは迷わずに済んだ。来訪者はみんな忍者がお目当てのようで、人の流れについていけば楽に辿り着く。

お城の石垣沿いの小道をてくてく進んでいくと、やがて萱葺《かやぶき》の古民家が見えてきた。受付で入場料を支払うと、まず案内されたのがこの古民家だった。

「ちょうどこれからご案内を始めるところですよ」

どうやら単なる古民家ではなく、忍者屋敷のようである。中へ入ると、大勢の観光客で埋め尽くされていた。それも、ざっと見た感じ三分の二以上は外国人だったからアッと唸った。確かに忍者、もといＮＩＮＪＡなんて外国人ウケしそうな存在である。

「忍者屋敷は外観は平屋造りですが、内部は三階建てなんです」

なるほど、外から見ても分からないが、中は敵の侵入に備えて隠し部屋や抜け穴が設置され、複雑な構造になっているというわけだ。忍者が所有する火薬の調合法は当時の最先端技術だった。屋敷のカラクリはそれを盗もうとして侵入する敵を撃退するためのものだ。忍者屋敷は住まいであると同時に、秘密の火薬研究所でもあったという。

屋敷内の説明をしてくれたのもまた忍者――「忍者姿に扮したスタッフ」ではなく、あ

忍者が実演を交えながら屋敷内を案内してくれる。
大事な物は縁側など外に隠していたという。

えて「忍者」と記す――だった。さすがは忍者屋敷、あちこちにカラクリが仕込まれていて、それらを順に忍者が種明かししてくれる。その際、説明内容が英語に訳されたボードを表示する段取りになっているなど、外国人客への対応も抜かりない。

「からくりは左手で動かします。右手は手裏剣を持つからです」など細かい蘊《うん》蓄《ちく》を披露しつつ、ところどころに実演を交えながら解説してくれる。床下に隠してある刀をバババッと目にもとまらぬ早業で取り出したりして、さすがはＮＩＮＪＡ、いや忍者だなあと尊敬の眼差しを送るのだった。

忍者というと、手裏剣を打ったり鎌みたいなのをブンブン振り回したりというイメージが強いが、忍術の目的は本来は戦うことではないのだという。続いて訪れた「忍者伝承館」は忍者の歴史や生活を紹介する施設なのだが、そのことを詳しく解説する史料などが展示されていて、これが大変興味深い内容だった。

たとえば、忍者は明日の天気を予測することができたという。判断材料となったのは身の回りの自然の変化だ。星がチカチカすると雨で、山が近くに見えるときも雨。蜘蛛《くも》の巣に水滴が付いていれば晴れといった具合。忍術において用いられたのは、心理学、薬学、医学、天文学など戦いに直接必要のないもののほうが圧倒的に多いらしい。

忍者は情報を集めるのが仕事で、普通の人よりも記憶力が求められた。秘密を守るために、メモには残せないからだ。ふ

忍者の装束といえば黒一色のイメージが強いが、実際には濃紺色だったそう。

手裏剣の形はさまざまで、十字や卍など10種類も。刃にトリカブトの毒汁を塗り、敵の頭部を狙って放つ。

むふむ、昔、職場でパスワードを書いた付箋をPCに貼っている人がいたが、あれは忍者的には当然タブーなのだろう。覚えにくい数字などは、人の体や食べ物に置き換える「連想法」で記憶していたという。

いわば、忍者流暮らしの知恵袋である。現代でも役に立ちそうなものばかりで、感心させられたのだ。

実は忍者の博物館と聞いて、最初は期待半分、冷やかし半分だった。いや、期待よりも冷やかしのほうが大きかったかもしれない。ナントカ歴史村みたいな、よくあるテーマパークの一種だろうとみくびっていたのも正直なところである。

そんな自分の考えが浅はかであったことを痛感したのは、「忍者実演ショー」を観覧したときだった。観覧料として別途五百円がかかるが、絶対に観たほうがいい。これがもう途方もなく素晴らしかったのだ。ごめんなさいと、冷やかしの気持ちで訪れたことを誰にともなくお詫びしたいぐらいである。

ショーは本物の武具を使用していることが大きな特徴だ。手裏剣や刀、鎌、くないといったお馴染みの忍具を駆使してパフォーマンスが繰り広げられる。

「危険ですので、絶対に立ち上がらないで下さい」

と、念を押されたが、最前列に座ったら、すぐ目の前でチャンバラが始まってそのあまりの迫力に息を呑んだ。

とくに目を奪われたのが手裏剣を打つ

忍者実演ショーは素晴らしい内容。これを見るためだけに来てもいいほど。

シーン。ドラマやアニメの影響からか、なんとなく手裏剣といえばシュルシュルシュルと音を立てて飛んでいくようなイメージを抱いていたのだが、実際にはそんなゆるい擬音語では形容できない。シュッと打った次の瞬間には、的の板にグサッと刺さっている。シュッ、グサッなのである。

手裏剣は一枚あたり約二百グラムもある。五枚持つと一キロになる。創作作品では何枚、何十枚も打ちまくっているが、実際にはたくさんは携帯できず、一枚か二枚だったという。とはいえ、その重量の割には軽々と投げているように見えた。モーションもかなりクイックで、早業のあまり避けるのは至難の業に思えてくる。

くノ一の忍者による、吹き矢を飛ばして風船を割るパフォーマンスなどもあった。最初にお手本を見せてくれた後、観客席からやってみたい人を募っていた。こういうとき、日本人は遠慮してなかなか手を上げないが、外国人は堂々としている。勢いよく参加表明した白人女性が前に呼ばれ、なんと一発目で見事に風船を割ったから会場内は大きな拍手が起こった。

忍者屋敷同様、ここでも客の大半が外国人だが、演者である忍者は日本語だけでなく英語でも喋るのには驚いた。アクロバティックな激しい動きをしながら、同時通訳するという器用さもまた忍者ならではか。

ショーは披露される忍術の数々が見応えがあることに加え、出演している忍者による解説がおもしろかったことも特筆すべきだろう。ときにはシリアスに、ときにはジョークを交えながらユーモラスに進行していく。忍者でありつつも、一流のパフォーマーでもあるのだ。現代の忍者には英語力のほか、トーク力まで求められるらしい。

彼らは、海外まで公演しに行くこともあるという。

「税関でいつも怪しまれるんですよ。外国だと忍者というとスパイだったり、すぐに人を殺《あや》めるイメージもあるみたいで……」

と、冗談っぽく話していたが、確かに忍者道具は危険物だらけだ。

「刀（模造刀）はどうやって持っていくと思います？　ゴルフバッグに入れていくんですよ」

とのこと。もちろん、許可を得て持参している。海外での忍者公演は外務省が行っている文化交流の一環だ。忍者は日本文化の代名詞的存在なのだろう。

博物館に、ある新聞記事の切り抜きが貼られていたが、海外でグーグルにより検索された日本関連のキーワードとしては、「Ninja」は「Tokyo」よりも多いのだという。外国人がこぞって伊賀までやって来るのも頷《うなず》けるのだった。

ショーの途中で質問タイムがあった。

「忍者になるのに何年かかる?」

という問いに対して、一人前になるのに三年、ショーができる真のプロになるまでは十年はかかると答えた忍者が、続けて語った次の台詞が頭に残った。

「人生、死ぬまで修行です」

忍者が言うと妙に説得力があるよなあ……ニンニンニン。

37 伊賀流忍者博物館

●住所：三重県伊賀市上野丸之内117
●開館時間：9時～17時
（入館受付は16時30分まで）
●入館料金：800円
（忍者ショーは別料金500円。
休演日はホームページにて要確認）
●電話：0595-23-0311
●駐車場：有
●アクセス：伊賀鉄道上野市駅から
徒歩10分

愛知県名古屋市

38

南《なん》極《きょく》観《かん》測《そく》船《せん》ふじ

退役した南極観測船の実物が「南極の博物館」としてガーデンふ頭に永久係留されている。現役当時の模様を再現した船内では、観測隊の生活ぶりが分かるほか、南極の自然や地球環境問題についての展示も充実。甲板のヘリコプターも必見だ。

●住所：愛知県名古屋市港区港町108
●開館時間：9時30分～17時（夏季に夜間延長あり）
●休館日：月曜（祝日の場合は翌日）
●料金：300円　●電話：052-652-1111
●アクセス：名港線名古屋港駅から徒歩5分

愛知県岡崎市

39

岡《おか》崎《ざき》市《し》美《び》術《じゅつ》博《はく》物《ぶつ》館《かん》

岡崎中央総合公園の広大な敷地の一角にある。同市出身で「カワイイ」文化の生みの親である内藤ルネ氏の特別展を観に行ったのがきっかけだが、ミュージアムの独特な外観や、目の前に池が広がる自然あふれるロケーションにも心奪われた。

●住所：愛知県岡崎市高隆寺町字峠1
●開館時間：10時～17時（入場は16時30分まで）
●休館日：月曜（祝日の場合は翌平日）
●観覧料：展覧会により異なる
●電話：0564-28-5000　●駐車場：有（860台）
●アクセス：名鉄東岡崎駅からバス30分→徒歩3分

愛知県西尾市

40

三《み》河《かわ》工《こう》芸《げい》ガラス美《び》術《じゅつ》館《かん》

ギネスブックにも掲載された巨大万華鏡「スフィア」がSNS映えすると話題に。ただ見るだけでなく、人が中に入って写真を撮れるのがおもしろい。ほかにも美しいステンドグラスや、サンドブラストを用いた彫刻など、ガラスのアートが多数。

●住所：愛知県西尾市富山町東郷5
●開館時間：10時～17時30分（入館は17時まで）
●休館日：月曜、第一火曜　●入館料金：720円
●電話：0563-59-3334　●駐車場：有（40台）
●アクセス：名鉄西尾線西尾駅からバス13分

岐阜県恵那市

41

日本《に》本《ほん》大《たい》正《しょう》村《むら》

文化財クラスの建造物が点在し、村全体が一つのミュージアムに。大正ロマンを感じながらの歴史散歩が楽しい。「ロマン館」「資料館」「時代館」は共通入場券が必要ながら濃い展示内容で入る価値あり。近くには明知城跡や明智光秀の供養塔も。

●住所：岐阜県恵那市明智町456（日本大正村観光案内所）
●開館時間：9時～17時
（12月15日～2月末日は10時～16時まで／入場は30分前まで）
●入館料金：500円（フリーキップ）
●電話：0573-54-3944　●駐車場：有
●アクセス：明知鉄道明智駅から徒歩5分

※各館の開館期間などはホームページにて要確認

福井県鯖江市

42

めがねミュージアム

鯖江《さばえ》といえば日本最大のめがねの産地。駅から続くめがねストリートを歩いて行くと辿り着くのがココ。めがねの歴史を繙き、その製造工程を学ぶ。有名人のめがねを集めたコーナーなども。ショップが併設されており、買いたい人もきっと満足。

●住所：福井県鯖江市新横江2-3-4 めがね会館
●開館時間：10時～19時
（博物館／体験工房／サバエスイーツ：10時～17時）
（ミュージアムカフェ：10時～16時）
●電話：0778-42-8311　●駐車場：有（50台）
●アクセス：JR鯖江駅から徒歩10分

第6章　城・日本遺産・史跡

43

関《せき》ケ《が》原《はら》

「天下分け目の決戦地」をめぐる

岐阜県
不破郡関ケ原町

ＪＲ東海道本線の関ケ原駅で電車を降りたら、ぐずついた空が広がっていた。盆地を取り囲む山の稜線を隠すようにして霧が立ち込めている。

「なんだか決戦当日を思わせる天候だなぁ」

その日は前夜から降り続いた雨が明け方に上がるも、深い霧で覆われていたという。視界が遮られた状態のまま、この地で東西両軍がにらみ合っていたわけだ。霧が晴れてきたのが朝八時頃。両軍の陣容が露《あら》わになり、やがて戦端が開かれる。日本を二分した天下分け目の大一番――関ヶ原の戦いである。

時は一六〇〇年。ちょうどピッタリ一六〇〇年。狙い澄ましたかのような区切りのいいタイミングだが、一六〇〇年というのは西暦であることを考えると単なる偶然だろう。

訪問時はあいにく定休日だった「関ケ原駅前観光交流館」。土産物販売のほか、コインロッカーやレンタサイクルなどがある。

当時の元号でいえば慶長五年の話になる。いずれにせよ、日本史の重要な出来事の中でも、これほど年を覚えやすいものもなかなかない。

自転車を借りて古戦場を巡るつもりでいたから、あえて電車でやってきた。駅前の「関ケ原駅前観光交流館」でレンタサイクルのサービスが提供されているのだ。ところが、到着するとなんとその交流館が閉まっていたから、いきなり途方に暮れそうになった。

「先月から定休日が変更になったんですよ」

アテが外れて呆然としていると、初老の男性に声をかけられた。交流館のすぐ横に観光案内所の小さな事務所があって、そこのスタッフの方らしい。

事情を話すと、自転車は「関ケ原町歴史民俗資料館（現：「関ケ原町歴史民俗学習館」）」でも貸し出しており、こちらは営業中という。いやはや、助かった。というより、事前にきちんと調べてこなかった自分が恨めしい。

駅から資料館までは歩いて十分ぐらい。線路沿いに延びるゆるやかなスロープを上り、陸橋を渡って線路の反対側へ出る。駅の北側に役場などが集まったエリアがあって、資料館もこの一角に位置している。

歩き始めてすぐに、親しみ深い「大一大万大吉」の文字が現れ、おおっと興奮した。西軍を率いた石田三成の旗印である。数多《あまた》の戦国武将たちの中でも、個人的に最も敬愛しているのが実は三成なのだ。

三成に興味を持ったきっかけは、高校生のときに読んだ司馬遼太郎『関ヶ原』だった。時代小説の名著として知られるが、続く氏の『城塞』と合わせて我が人生のバイブル的存在になっている。どれぐらい好きかというと、結婚式のときの新郎紹介で一番好きな本として挙げたほどである。我ながら渋いセレクトだなあといまでも思う。

戦国時代の中でも末期、とりわけ豊臣方の武将たちの生き様に心惹かれるものがある。敗者の美学のようなものにロマンを感じるのだといえば理解してもらえるだろうか。

駅を出て歩き始めてすぐの場所に、合戦のあらましが紹介されている。まずはここで予習や復習をしたい。

駅から資料館への道すがらには、ほかにも関ヶ原の戦いをモチーフとしたさまざまなものが登場して早くもテンションが上がった。たとえば、参戦した武将たちの家紋や肖像画など。

線路沿いのフェンスで、合戦の概要が時系列に沿って順に説明されているのだが、これも大変よくできていると感じた。ほぼすべて知っている内容だったが、要点が整理されており、古戦場巡りをする前のおさらいにうってつけである。

関ケ原に集まったのは西軍八万二千、東軍七万四千といわれる（諸説あり）。数では西軍が勝るが、実際に戦っていたのは大将の石田三成のほか、宇喜多秀家、小西行長、大谷吉継といった限られた部隊だけだった。

対する東軍は、徳川家康が福島正則や黒田長政ら豊臣恩顧の諸大名を率いた。徳川本隊は家康直属の軍勢のほかには、中山道を進む秀忠勢が途中の上田で真田昌幸・幸村（信繁）親子に足止めを食らい、結局関ケ原の本戦には間に合わなかったのが誤算だった。

開戦当初は西軍が善戦していた。途中で石田隊の島左近が負傷するも、攻め寄せる東軍を何度も押し返したという。業を煮やした家康は、味方の士気を高めるために前線へ陣を移したが、正午頃までは一進一退の攻防が続いていた。

戦いの行方を左右したのが、南宮山《なんぐうさん》に布陣する毛利秀元、松尾山の小早川秀秋だった。三成は狼煙《のろし》を上げ、総攻撃の合図を送ったが、毛利軍は徳川に内通していた吉川勢に行く手を阻まれ進軍できなかった。

小早川もどちらにつくか去就を決めかねていたが、家康が脅しの一斉射撃を行ったのを機に東軍に寝返ったのは有名なエピソードだ。

一万五千余もの大軍を擁する小早川が裏切ったことで西軍は浮き足だつ。大谷隊が必死に持ちこたえていたものの、脇坂安治ら四将までが続いて離反したことで遂に壊滅。吉継は自刃して果てた。

西軍主力を担う大谷勢が敗れると、小西、宇喜多も総崩れに。

本隊である石田勢は最後まで勇猛果敢に抗戦したが最早《もはや》多勢に無勢だった。東軍の勝利で戦いが終わったのが午後四時頃のこと。天下分け目の決戦はわずか半日で幕を閉じた。

以上、合戦のあらましである。なるべくコンパクトにまとめてみたつもりだが、それでも数々のドラマが生まれた合戦だったのだなあと改めて認識する。

関ケ原の古戦場巡りでは、これら参戦武将たちの陣跡を順に訪ねていくようなコースが一般的だ。おすすめの順路を記載した地図が資料館に置かれていた。途中でグーグルマップにも登録されていない道を通ったりするので、スマホよりももらった紙の地図のほうが役に立ったことは書き加えておく。

教えてもらった情報の通り、自転車は資料館で借りられた。値段は駅前の交流館で借りた場合と同額で、半日だと通常の自転車が五百五十円、電動タイプが千百円となっている。今回は節約しようと通常の自転車を選んだのだが——。

「……電動にすればよかった」

走り始めてすぐに後悔した。関ケ原というぐらいだから平らな土地だろうと舐《な》めてかかったのだが、とんでもない。平らな道はむしろ少なく、これでもかというぐらいにアップダウンが激しいのだ。

少しぐらいの上り坂なら気合で漕ぐが、勾配は意外ときつい。それゆえ、たびたび自転車から降りて手で押すという効率の悪い移動になってしまった。自転車を借りるのなら絶対に電動にしたほうがいい、と力強く断言しておきます。

古戦場巡りコースにはいくつか種類があって、中上級者向けの「行軍コース」をなぞった。

まず最初に訪れたのが「細川忠興《ただおき》陣跡」だ。といっても、行ってみたらただの公園だった。ブランコや鉄棒など子ども用の遊具が置かれており、周りも閑静な住宅街といった雰囲気。

「本当にここなのだろうか？」

拍子抜けするが、古戦場なんてそんなものなのかもしれない。なにせ四百年以上も前の戦いの舞台なのだ。いちおう観光用に概略を説明するパネルが立てられていたが、それさえないと本当にただの公園にしか見えない。

続いて訪れた「黒田長政・竹中重門《しげかど》陣跡」も山間部の集落の中にあって、余所者《よそもの》が分け入っていくのにいささか躊躇《ちゅうちょ》するようなロケーションだった。

とはいえ、こちらはもう少し陣跡らしさがみられた。竹林の小道を進んだ先にスペースがあって展望が開けている。合戦の際にはここから狼煙を上げていたそうで、高台にあって見晴らしがいい。

黒田と竹中は豊臣秀吉を支えた二大軍師の息子たちだ。幼少時代に織田家の人質だった長政は、信長の命令で殺されそうになったところを竹中半兵衛に助けられた。関ヶ原合戦では当初は竹中家は西軍に属していたが東軍へ鞍替えしている。経緯を振り返ってみると、旧知の仲である両家が共に陣を構えている事実が興味深いのだった。

細川忠興陣跡。住宅街の中にある小さな公園ながら、れっきとした史跡。想像力を膨らませて楽しむべし。

関ケ原では各名所に番号が振られており、東軍にまつわるものは赤色、西軍は青色と色分けされていた。細かい部分だが、これがなかなか気が利いている。

　関ケ原北部の山間部から迂回するようなルートでぐるりと西側へ回り、坂を下ると田園地帯に出た。ここからは青色のスポットが連続する。すなわち、西軍武将の陣跡などである。西軍贔屓《びいき》の身としては古戦場巡りもいよいよ本番といえた。

見どころが広範囲に点在しており、徒歩だけで回るのは大変。車だと停めにくいし、自転車がベストか。

黒田・竹中の陣跡には屋根付きの休憩スポットが。お弁当持参でランチにするならここがオススメ。

　最大の見どころは、やはり「石田三成陣跡」だろう。三成が陣を構えた笹尾山は、関

高台の陣跡は見晴らしがいい。「ここを本陣とする！」と言いたくなった。

ケ原の北西部に位置する。山といっても小高い丘のようなところで、観光用に階段が整備されている。さすがは西軍本陣だけあって見晴らしは抜群だ。部隊の動きや、戦いの行方を把握するにはこれ以上ない立地である。

「三成もここから眼下を望み、指示を送っていたのだろうなあ」

しばし佇《たたず》み、総大将になった気分で合戦の模様を思い浮かべた。これぞ歴史のロマンである。史跡巡りというのはいつもそうだが、由来となっている出来事そのものへの興味が深ければ深いほど臨場感が増してくる。

「大一大万大吉」が目立つ、笹尾山の上に位置する石田三成の陣跡。ここに約6000の兵を率いて布陣した。

両軍の主力がぶつかった「決戦地」は、まさに天下分け目の舞台。現在はのどかな田園風景が広がる。

　石田三成陣跡はほかの陣跡と比べて明らかに豪華に仕立てられているのも印象的だ。当時を再現したのか白い陣幕が張られ、「大一大万大吉」の旗印が風になびく。全体的に小綺麗で、比較的最近整備したような感じなのだが、それに対比するような形で付近には古式ゆかしい石碑なども立てられている。明治四十三年に当時の皇太子殿下がこの地を訪れた際に立てられたものなど、かなりの年代物だったりして驚かされる。

　笹尾山の麓には「笹尾山交流館」という施設もあり、合戦の資料などが展示されている。毎年十月に催される「関ケ原合戦祭り」はこの交流館の前のスペースが会場となっているのだが、実は大昔、大学生の頃にその祭りに参加したことがある。甲冑を着た武将役が合戦の一部始終を再現するもので、火縄銃のデモンストレーションがあったりして見応えたっぷりだったのを覚えている。

ちなみに「関ケ原合戦祭り」は、三英傑のパレードが見物の「名古屋まつり」と同じ週末に開かれたりするので、二つの祭りをはしごすると戦国ファンにとっては大変有意義な週末になるだろう（自分もそのとき両方行ったのだ）。

三成の本陣があった笹尾山の麓に広がる平地が、関ヶ原合戦で最大の激戦地となったところだ。「決戦地」という名で観光地として整備されている。例の色分けでは赤色で、なぜか東軍関連スポット扱いとなっているが、心情的には青色でもいいような気もする。

現在は見渡す限りの田園風景となっている決戦地の風景をこの目で見て、記憶がフラッシュバックした。同じような景色を目にしたことがあるのだ。どこかというと、「五丈《ごじょう》原《げん》」である。日本ではなく、突然中国の話になるが、旅を繰り返しているとこういう繋がりがときどき生じるから楽しい。

五丈原とは、蜀《しょく》の諸葛孔明《しょかつこうめい》による北伐の地として知られ、三国志における大きな合戦の舞台のひとつ。ここで三国志の話にまで脱線するとさらに長くなりそうなのでそれはグッと堪《こら》えるが、五丈原もまた壮大な三国志の物語の中でも最終盤で出てくるところであり、戦国末期の合戦となった関ヶ原と位置付けがなんだか似通っている。

その後も島津義弘、小西行長、宇喜多秀家と、西軍の陣跡巡りが続いた。

宇喜多秀家は西軍最大規模となる約一万七千の部隊を率いた。敗戦後、薩摩まで落ち延びるが、結局八丈島へ島流しになる。

八丈島へ行った際に現地で秀家の石像を見たことがあるが、秀家が合戦時に二十八歳で、島で亡くなったときは八十四歳だったと聞き、案外幸せな生涯だったのかもしれないなあと思った。のんびりとした島暮らしに憧れる現代人の勝手な想像ではあるが、少なくとも当時にしては大往生であったのは確かだ。

年齢に関してもう一つ。関ヶ原合戦に参戦した武将は十代から七十代までさまざまだが、一番多かったのが四十代なのだと自転車を借りた関ケ町歴史民俗資料館で紹介されていた。天下分け目の合戦は彼らの人生の転機となった。自分がいままさに四十代なので、色々と考えさせられるものがあった。

　最後に少し補足すると、関ケ原町歴史民俗資料館は筆者が訪問した直後に閉館となり、「関ケ原町歴史民俗学習館」という名でリニューアルオープンすることになった（開館時期未定）。また、新たに「岐阜関ケ原古戦場記念館」が開館予定で、レンタサイクルも今後はそちらで借りられるという。

43　関ケ原

関ケ原駅前観光交流館
●住所：岐阜県不破郡関ケ原町大字関ケ原598-4
●電話：0584-43-1100
●営業時間：9時～17時
●定休日：火曜（祝日の場合は翌日）
●料金：無料
●駐車場：有（7台）
●アクセス：JR関ケ原駅から徒歩1分

関ケ原笹尾山交流館
●住所：岐阜県不破郡関ケ原町大字関ケ原1167-1
●電話：0584-43-1600
●営業時間：平日10時～17時
土日祝9時30分～17時
●定休日：火曜
●料金：無料
●駐車場：有（30台）
●アクセス：JR関ケ原駅から徒歩20分

44

苗《なえ》木《ぎ》城《じょう》跡《あと》

思わず驚嘆の声が漏れるファンタジックな景観

岐阜県
中津川市

東名高速を走っていると、小牧インターのあたりでお城が見えた。調べたら小牧山城というらしい。ちょっと気になったが、先を急ぐことにする。城めぐりを目的とした半日旅だったが、今回のお目当ては別の城だ。

クルマをさらに東へ走らせ、中央道への分岐を進む。中津川インターで降り、国道二五七号線を北上した。一般道に入ってからは十分ぐらい走っただろうか。木曽川に架かる大きな橋を渡っていると、右前方にそれが現れた。

「うひゃあ……」

この目にした刹那、思わず驚嘆の声が漏れる。想像した以上の絶景だったからだ。

渓谷にそそり立つ断崖絶壁、その頂に構造物が立っている。ファンタジックな景観と

苗木城といえばこのアングルか。撮影場所は駐車場から割とすぐのところ。

いうのが第一印象だ。ジブリアニメにでも出てきそうな感じ。

苗木城――なえぎじょう、と読む。今回の目的地だ。

数ある日本のお城の中でも、どちらかといえばマイナーな存在だろう。人気武将が城主だったわけではないし、有名な合戦の舞台にもなっていない。戦国ファンからするとノーマークな城だったのだが、だからこそお城や歴史に興味のない人でも楽しめるスポットといえる。

その存在を知ったきっかけは、横浜で開かれた「お城ＥＸＰＯ」だった。国内最大級のお城ファンのイベントで、全国各地の観光局などがブースを構え、地元のお城を紹介しているのだが、会場内で最も興味を惹かれたのが苗木城だった。

ある意味、売り出し中のお城なのだろう。駐車場に到着すると、妙に混雑していて驚かされた。知る人ぞ知る、人気観光地なのだ。

歴史的には無名な城ながらも、その独特の景観が話題を集めているというと、「天空の城」として大ブームになった兵庫県の竹田城を思い出す。同じ山城とはいえ、城跡の雰囲気は全然違うというのが感想だ。

段々畑のような地形に石垣が残る竹田

いざ現地に行ってみると、このお城がいかに天然の要害だったかが分かる。

二の丸は城内でも比較的開けた場所にある。領主の住居や、家臣が集まる部屋などがあったという。

巨大な岩に柱をめぐらせた懸造の天守が特徴的だ。当時の穴を再利用して展望台が設置されている。

城に対し、苗木城は険しい岩山の上に立つ。土地が狭いため、天然の岩を活用する形で構築されているのがおもしろい。要するに、周囲の自然と一体化したお城というわけだ。

　岩にはところどころ穴が開いているのだが、これは柱を立てるためのもの。岩に支柱を組んだうえで、その上に構造物が立つ。京都の清水寺のような、いわゆる懸造《かけづくり》のお城であったことも大きな特徴である。現在は、天守跡には岩に穿《うが》たれた穴を利用して展望台が建てられている。

　訪れてみて感じたのが、ここは恐ろしく堅牢なお城だったのだろうなあという

天守展望台からは木曽川の流れを眼下にできる。天空の城に辿り着いた気分。

「苗木遠山史料館」にはついでに立ち寄りたい。戦国時代から明治初期にかけての苗木領の歴史を紹介。

こと。眼下を流れる木曽川から山頂の天守跡までの標高差は約百七十メートルもある。斜面はかなり急だし、いかにも攻めるのに難儀しそうなお城なのだ。

「いたる所に転落の危険性があります」

と、注意を促す看板も立てられていた。城内には柵がないような箇所もあって、万が一足を踏み外したら奈落の底へ真っ逆さまだ。

逆にいえば、それだけ見晴らしがいいということでもある。遮るものがなく、遥か彼方まで一望できるパノラマが広がる。崖の縁までは行かず、ある程度の安全マージンを取ったうえで写真を撮ったりしていても足が竦《すく》むほどだ。

「よくぞまあ、こんなところにお城を造ったよなあ」

と、素直に感心させられた。

由来など知らずとも楽しめるお城だが、せっかく来たのだからもう少しこの地にまつわる歴史を知りたい。そんなときに訪れたいのが、「苗木遠山史料館」だ。お城のすぐ近くにあるので、ついでに立ち寄りやすい。

施設名にある「遠山」というのは、苗木城主が遠山氏だったことから来ている。築城されたのは一五二六年。当時からこの地は遠山氏が領有し、武田と織田の双方に友好的な関係を築くが、豊臣秀吉と対立し城を追われている。

城主に返り咲いたのは関ヶ原の合戦以降だ。

苗木藩は江戸時代を通して一度も国替えがなかったそうで、以来、明治維新までの十二代にわたり遠山氏が治めた。苗木藩はわずか一万石だったが、幕末期に一万石の大名で城持ちだったのは遠山氏だけだったという。

史料館には当時のお城の様子を再現した模型が展示されている。それを見ると、改めて起伏の激しい岩山に造られていることがわかる。いや、岩山に造ったというよりも、もはや岩山そのものを城砦化したかのようだ。

なお建物はすべて板張り、あるいは土壁で「赤壁城」と呼ばれていたという。ＣＧで再現した絵図を見ても、確かに一般的な日本の古城とはどこか趣が異なる。渓谷沿いに立ち、下界を見下ろす天界のようなロケーションということもあって、やはりファンタジックという形容がしっくりくる。

天守に設けられた展望台からの見晴らしは最高だが、苗木城が漂わせるファンタジックな雰囲気を堪能したいならば、あえて少し離れたところから遠景でお城のシルエットを眺めたほうがいいかもしれない。

来るときに橋の上から目にした景色が気になっていた。あそこならば、麓を流れる木曽川も入れたお城の全体像を写真に収められそうである。というわけで、帰りがけに立ち寄ってみたのだが――あいにく橋の上は、お城とは逆側にのみ歩道が設けられていたのだった。

お城の写真を狙うなら車道をゆくことになるが、大型トラックなどもバンバン走っており、正直かなり危険だ。クルマの流れが途切れたタイミングを見計らい、ササッと駆け寄って数枚撮るのがやっとだった（巻頭のカラー写真がそのときのもの）。橋自体がかなりの高所に架けられており、歩道を歩くだけでも結構スリリングである。

お城ＥＸＰＯで話した担当者は、チラシの写真などはドローンで空撮したと言っていた。なるほど、空からなら苗木城の絶景ぶりがよく伝わりそうだ。

ＥＸＰＯ会場では、苗木城は「東美濃の山城」のひとつという扱いで取り上げられていた。この辺りは地形的に山城が多いのだが、中でも代表的なものが三つあるという。苗木城のほかには、美濃金山城と岩村城である。

苗木城からだと美濃金山城は場所がやや離れているのだが、岩村城は比較的近い。ちょうど名古屋への帰り道に立ち寄るのに良さそうだったので、ついでに観に行ってみた。

お城そのものの知名度としては、きっと苗木城よりも岩村城のほうが上だろう。「東美濃の山城」であることに加え、「日本三大山城」「日本１００名城」のひとつにも数えられている。

戦国の動乱の中で女性が城主を務めていた期間もあり、女城主の城としても知られる。苗木城は知らないが、岩村城なら聞いたことがあるという人も少なくないはずだ。かくいう僕もそうだった。

岩村城の本丸は標高七百十七メートルもの高所にあり、高さとしては日本一を誇る。とはいえ天守のすぐそばまでクルマで行けるので手軽に訪問可能だ。

　実際に目にすると、これほどまでの山の上にもかかわらず石垣などの遺構がきれいに残されていることに驚かされる。在りし日の雄姿が思い浮かぶほどなのだが、苗木城を見た後だからか気分的にノリきれなかったのも正直なところ。

　お城巡りが趣味で、旅のついでに全国あちこちでお城を見てきたが、山城に限っていえば、今回、マイナンバーワンが更新された。苗木城、イチオシなのだ。

44　苗木城跡

●住所：岐阜県中津川市苗木
●電話：0573-66-5544
（中津川観光協会）
●アクセス：JR中津川駅からバス12分
→徒歩20分

45

斎宮《さいくう》

「祈る皇女斎王のみやこ」へ――歴史のロマンに浸る

三重県
多気郡明和町

これぞ歴史のロマンと言っていいかもしれない。

三重県の中央部に位置する明和町《めいわちょう》を訪れたのは、ここが斎宮の跡地であると聞いたからだった。天皇に代わり、伊勢神宮の天照大神《あまてらすおおみかみ》に仕えた女性を「斎王」と呼ぶ。斎宮とは斎王の宮殿や、彼女に仕えた官人たちの役所があった場所だ。

斎王の制度が始まったのは六七四年のこと。壬申の乱に勝利した天武天皇が、娘の大来皇女《おおくのこうじょ》を伊勢神宮に遣わしたのが始まりとされる。以来、十四世紀半ばに南北朝動乱を経て姿を消すまで六百六十年もの長きにわたって続き、その間に六十人以上の斎王が存在したという。

近鉄山田線の斎宮駅で降りると、駅前がもう斎宮跡だった。遮るもののあまりない開けた平野部という感じで、道がやけに綺麗に舗装されていることに驚きながら歩を進めた。二〇一五年に「祈る皇女斎王のみやこ 斎宮」として日本遺産に認定されており、観光地として整備が進みつつあるようだった。

斎宮跡は東西約二キロ、南北約七百メートルもの広大な面積を誇る。日本遺産の構成文化財だけでも十二もあるが、主要な見どころは駅周辺に点在しているようだ。

「いつきのみや歴史体験館」は斎宮駅を出てすぐ目の前。平安時代の文化を体験できる施設だ。

まず、駅を出てすぐの場所に建つ建物が「いつきのみや歴史体験館」。その名の通り体験型の施設で、平安時代の人になりきって蹴鞠《けまり》や盤《ばん》双六《すごろく》などを楽しめる。

盤双六というのは、当時貴族から庶民まで大流行したボードゲームのこと。人気のあまり禁止令が出るほどだったというから、いまでいうなら「ポケモンGO」みたいなものか（禁止令とまではいかないものの、色々と社会問題化しているし）。

　ほかにも、十二単《じゅうにひとえ》などの平安装束を試着できる体験もある。料金は五千五百円と安くはないものの、束の間のコスプレ気分が味わえて楽しそうだ。

　この歴史体験館に隣接する区画に位置する、史跡公園「さいくう平安の杜《もり》」は斎宮観光における目玉のひとつ。斎王に仕えた役所「斎宮寮」の建物三棟を復元している。

　行ってみると、見事にそこだけ平安時代の風景が広がっていて感激した。発掘されたその場所に、実物大で復元されているのが特徴だ。本物の檜皮《ひわだ》で屋根を葺《ふ》

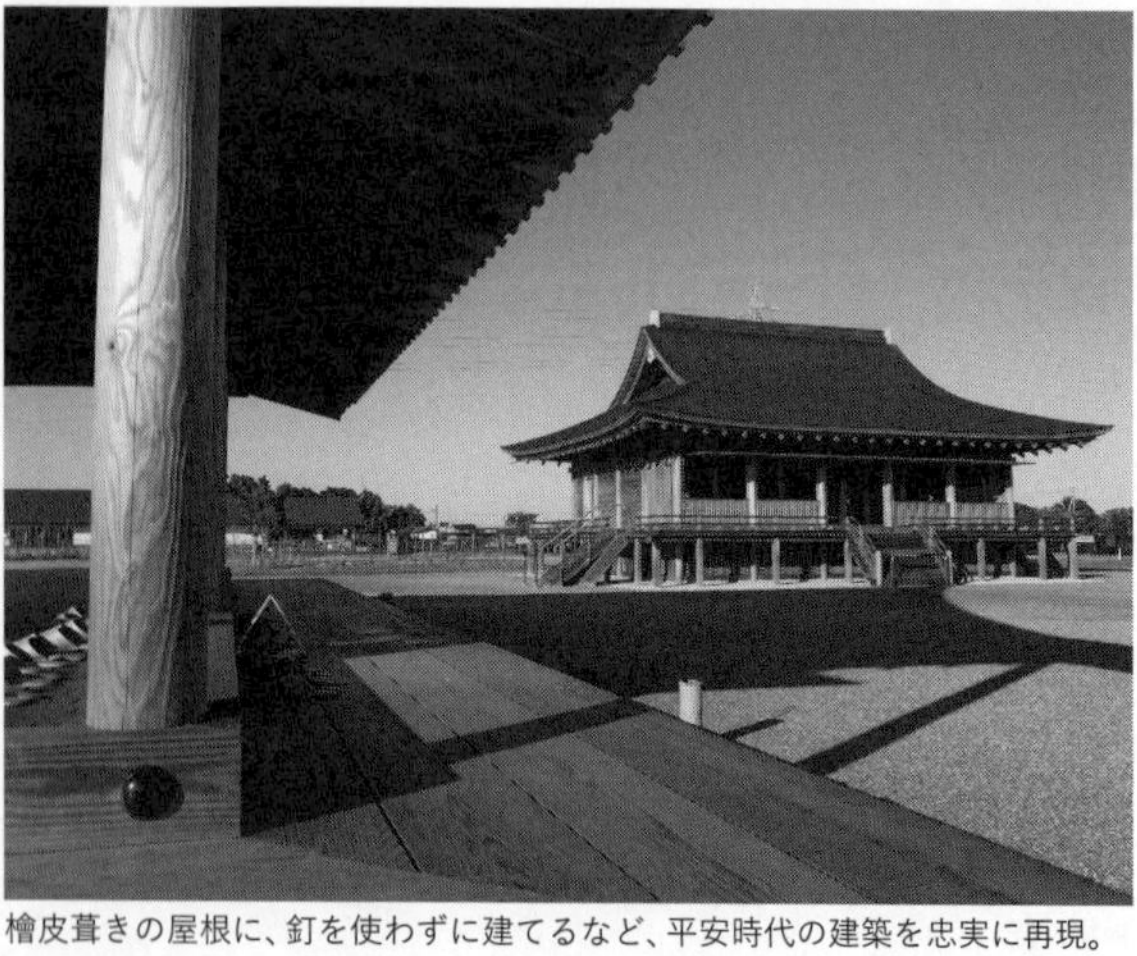

檜皮葺きの屋根に、釘を使わずに建てるなど、平安時代の建築を忠実に再現。

き、釘《くぎ》を使わないなど、平安時代の建築様式を忠実に再現したという。

　この手の史跡を訪れると、遺構がわずかに残っているだけということも多く、何もないがゆえに想像力を求められたりする。それもまた趣があっていいのだが、斎宮跡のように分かりやすい形で表現してくれると楽チンだ。難しいことはひとまずおいておいて、一目で平安時代の気分に浸れる。分かりやすさは案外重要な要素なのだなぁ。

　建物には管理業兼案内人（呉竹倶楽部《くれたけくらぶ》）が待機していて、ここがどんなところだったのかを色々と説明してくれた。

「ここに長年住んでいるけど、こんなものがあったとは！　って驚きました」

　斎宮の発掘調査は昭和四十年代から行われてきたが、これら平安時代の建物が復元されたのは二〇一五年というから、比較的最近のことだ。調査の結果、斎宮は碁盤目状に区画整備され、整然と建物が並んでいたことが分かっている。ちなみに建物周辺の道路も当時の模様を再現したもので、斎王のほか在原業平《ありわらのなりひら》や平清盛らも通ったのだという。

　男性にこのあとはどこに行くのか聞かれ、博物館を観に行くと答えたら、

「いまから行くんですか？　博物館は結構時間がかかりますよ」

斎宮観光の目玉といえるのが「斎宮歴史博物館」。駅から散歩がてら向かうには道中の景色も悪くない。

と教えてくれた。時計を見ると、十五時を過ぎている。まんまと出遅れるという半日旅の王道パターンなのだが、博物館はかなり見応えがあるらしい。いただいた地図にも所要時間の目安が九十分と記載されている。博物館で九十分は結構なボリュームだ。

正式には「斎宮歴史博物館」という。駅前からは少し離れているが、何もない広々とした空間にかつての平安時代の街並みを思い浮かべながらテクテク歩いて向かった。

博物館の敷地内もやけにだだっ広い。敷地入口の看板を過ぎてから博物館の建物までは距離があり、道も外国のように大きい。

「なるほど、さすがは所要時間九十分を誇るだけのことはあるなぁ」

平安時代の斎宮を復元した1／400スケールの模型が展示されている。

原寸大の斎王の居室と十二単姿の斎王の人形は展示物の中でとくに目を引く。

と、内心密かに身構えながら、おずおずと入館したのだった。

博物館の常設展は二つの展示室に分かれている。

展示室Ⅰでは「文字からわかる斎宮」と題し、伊勢物語や源氏物語などで描かれている斎王から、その暮らしぶりなどを繙《ひもと》いていく。

展示室Ⅱは「ものからわかる斎宮」で、出土品など発掘調査の成果を紹介している。斎王の居室を再現した展示や、平安時代の斎宮の様子が分かる模型なども目を引く。

「斎王のすべてがわかる情報センター」というキャッチコピーが博物館には躍っていたが、まさにその通りで網羅性の高い展示内容だ。

斎宮が隆盛を極めたのは平安時代である。戦国や江

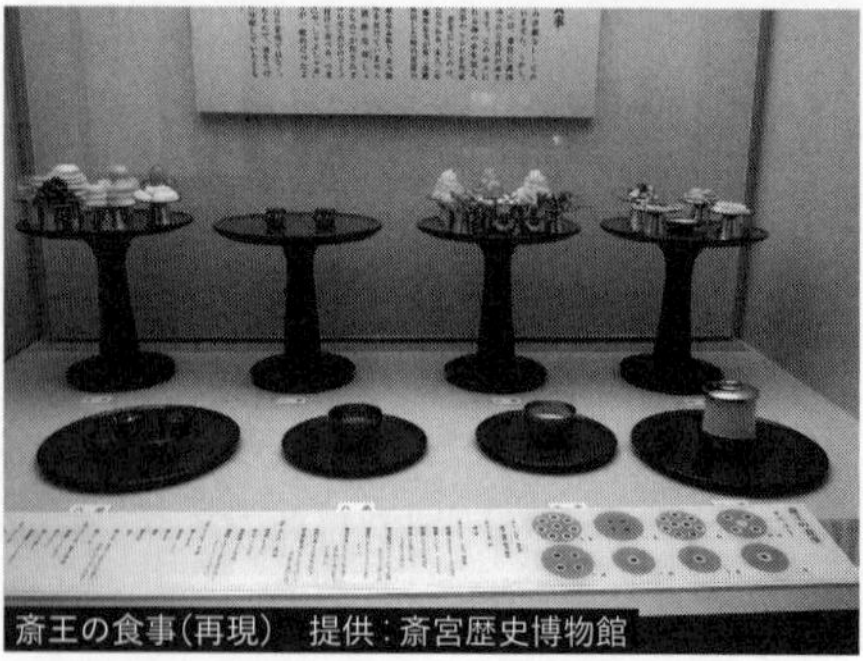

斎王の食事(再現)　提供:斎宮歴史博物館

平安時代の人々はどんな料理を食べていたのか。歴史そのものに加え、当時の生活習慣が気になるのだ。

戸などと比べると時代が古いために、やはり史料が限られるようだ。展示品の中には、想像で再現したものもあったりして、それはそれで逆に興味深い。

たとえば、食事を紹介するコーナーがあったのだが、レシピの記録自体は残っていないのだそうだ。諸国から税として納められた食材を参考に、近海でとれる海の幸を加えて新たに創作したという料理が展示されていた。当時の人がタイムリープして現代にやって来たら、「こんなの食べていないよ」と違和感を覚えたりして……。

個人的に最も印象深かったのは、斎王が誕生するまでの仕組みだ。斎王は未婚の皇族女性の中から占いで選ばれる。選ばれた者は三年の潔斎生活ののち、従者を引き連れて都下を旅立つ。鈴鹿山脈を越えて伊勢まで五泊六日の旅路。これを「群行」と呼び、博物館ではその一部始終をまとめた映像をシアターで鑑賞できる。十八分という長い映像だが、ドラマ仕

斎王群行に関する映像は必見だ。父親と娘の別れの瞬間など、ドラマティックで引き込まれた。

立てでなかなか見応えがある。

斎王に選ばれた者の中には、わずか八歳の少女などもいたという。それを聞いて真っ先に思いだしたのがネパールの「クマリ」だ。ヒマラヤの小国では十歳にも満たない少女を、いまも生き神として崇めている。

斎宮は天皇が即位するたびに選ばれる。ある日突然、神さまに仕えるように運命を定められるわけだ。恋愛は御法度だが、多感な年頃の女子である。恋に落ちて斎王を解任されたり、恋人と引き裂かれたりすることもあったという。そうした悲運のエピソードがつきまとうこともまた歴史のロマンを感じさせるのだった。

45　斎宮

●住所：三重県多気郡明和町竹川503
●開館時間：9時30分～17時
（入館は16時30分まで）
●休館日：月曜（祝日の場合は除く）
祝日の翌日（土曜日を除く）
●入館料金：340円
●電話：0596-52-3800
●駐車場：有（200台）
●アクセス：近鉄斎宮駅から徒歩15分

※以上、「斎宮歴史博物館」情報

46

敦賀《つるが》赤《あか》レンガ倉庫《そうこ》

空間を埋め尽くす「大規模ジオラマ」に圧倒される

福井県
敦賀市

どこまでを半日旅とするか。単なる「日帰り」ではなく、あくまでも「半日」である。住んでいる場所にもよるし、人によって考え方も違うだろうが、ひとつ確実なことを申し上げるなら、目安とすべきは距離ではなく、時間だ。移動にかかる時間。

時間がかかりすぎると非現実的だし、かといってすぐに着いてしまうのも旅気分が盛り上がらない。理想的なのは片道一時間程度かな、と思っている。

そして、いちおうの上限が二時間まで。といっても、往復で四時間もかかると正直きつい。無理ではないものの、実際には一時間半ぐらいまでが許容できるラインだろう。

なんでこんな話をしているかというと、敦賀へ行ってきたからだ。名古屋からJR特急しらさぎ号で約一時間半。日本海側の地域となると遠いイメージがあるが、敦賀ぐらいまでなら実はぎりぎり半日旅でも訪問可能なのだ。

列車は米原から進路を変え、琵琶湖沿いをぐんぐん北上していく。やがて長いトンネルに入った。携帯の電波が圏外になるほどの山中を越えた先が敦賀だった。

敦賀駅で降りて、まず目についたのは駅周辺で大規模な工事が行われていたこと。二〇二二年度末には北陸新幹線が金沢から敦賀まで延伸される予定で、そのための工事だという。福井県は実は関東からは交通の便が悪く、東京在住の者としては行きにくい県の筆頭だったから、新幹線が延びれば

「銀河鉄道999」「宇宙戦艦ヤマト」のブロンズ像が街のあちこちに。記念事業で設置されたものらしい。

駅から赤レンガ倉庫までは「ぐるっと敦賀周遊バス」が便利。本数が少ないので時刻表を要チェック。

歴史を感じさせる赤レンガ倉庫。モノクロ写真だと伝わりにくいけれど……。

アクセスしやすくなるかなあと期待が高まった。

駅を出るとロータリーになっていて、お目当てのバス乗り場もすぐ見つかった。その名も「ぐるっと敦賀周遊バス」。市内の主要観光スポットを効率よく巡ることができる。運賃も二百円とお手頃。車のない観光客にとっては便利な存在だ。

バスは三十分に一本程度だが、タイミングよく出発する直前に乗ることができた。駅からだいたい十分ぐらい走って到着したのが「赤レンガ倉庫」だった。

人気スポットなのか、予想していたよりも観光客の姿が多い。レトロな風情を感じさせる建物を前に、記念撮影に興じている人たちをちらほら目にする。確かに見事なまでに「映《ば》える」風景という感じで、自分もさっそく写真をバシバシ撮った。

この手の赤レンガ倉庫は日本各地で見られる。敦賀からも比較的近いところだと舞鶴にあるし、ほかにも北海道の函館なども有名だ。過去に訪れたことのあるそれら同種スポットと比較すると、敦賀の赤レンガ倉庫は規模としては小さい。しかし、中の展示内容はなかなか凝っていると感じた。

二つある倉庫のうち、一つは地元グルメが味わえる「レストラン館」、もう一つはかつての国際都市・敦賀を再現した「ジオラマ館」という構成だ。食事だけを目的に来ても楽しめるが、なんといっても見応えがあるのはジオラマ館のほうだろう。

倉庫内の広々とした空間を埋め尽くすほどの大規模なジオラマが展示されている。全長二十七メートルにも及ぶ鉄道模型は日本最大級だという。ホビー好きとしては心がときめいたのだが、このジオラマが現代のものではなく、明治後期から昭和初期にかけてのものというから歴史好きの血も騒いだ。

この赤レンガ倉庫は、元々は石油の貯蔵庫だったという。敦賀港が明治三十二年に開

かつての港がジオラマで再現されている。ここから欧州へ旅立ったわけだ。

港場（外国貿易港）に指定され、横浜や神戸に次いで石油の直輸入が始まった。その貯蔵庫として、アメリカのニューヨークスタンダード石油会社が建設したものだ。倉庫の外壁には当時の「紐育《ニューヨーク》スタンダード石油會社」の文字が薄く残っている。

　ちなみに戦時中には軍の備品庫となり、その後は昆布の貯蔵庫としても活用されている。現在では国の登録有形文化財となり、観光施設として生まれ変わった。

　三十分ごとに上映される十分間のジオラマショーと、五分間のショートムービーも興味深い内容だ。映像とジオラマが連動する仕掛けで、国際都市・敦賀について視覚的に理解できる。

日本海側で初めて鉄道が通ったのが敦賀だった。ジオラマを見ると、赤レンガ倉庫の近くに港があって、大きな船が停泊している。ここから海を渡ってロシアのウラジオストクへ上陸し、シベリア鉄道に乗り換えてヨーロッパを目指すルートがかつて存在したと知り、そのスケールの大きさを想い描いてワクワクした。

その名も「欧亜国際連絡列車」といって、当時は東京駅（正確には旧・新橋駅）でパリ行きの列車の切符が買えたというからロマンがある。自動券売機などはない時代だ。「大人一人、パリまで」などと、窓口で言って買ったのだろうか。

北陸新幹線が敦賀まで延伸すると書いたが、以前は東京と敦賀は直接繋がっていて、さらにはそこから海外へも行けたというわけだ。叶うことならば、同じルートでヨーロッパまで陸路で旅してみたいなあ。

赤レンガ倉庫の住所は「金《かね》ケ崎」となっている。金ケ崎といえば真っ先に連想するのが秀吉だ。越前の朝倉領に攻め入ろうとした信長に対して、近江の浅井家が反旗を翻す。退路を断たれ窮地に陥った織田軍のしんがりを務めたのが秀吉だった。ここは「金ヶ崎

小規模だが見応えあり。「ムゼウム」はポーランド語で「資料館」を意味する。

の退き口」と呼ばれる、歴史に名高い撤退戦の舞台でもあるのだ。

倉庫を出た後は道路を挟んで向かいに広がる「金ヶ崎緑地」にも立ち寄ってみた。敦賀湾に面した風光明媚な公園といった感じだが、この一角にある「人道の港敦賀ムゼウム」もまた歴史好きにはオススメの施設だ。

ロシア革命時にシベリアで救出された孤児たちや、ナチスドイツの迫害から逃れてきたユダヤ難民の受け入れに関する資料を展示している。

外務省の意向に逆らって独断で日本通過ビザを発給し続けた、杉原千畝《ちうね》の「命

赤レンガ倉庫の向かいにある金ヶ崎緑地。海上保安庁の船が停泊していた。

のビザ」のエピソードは自分も知っていたが、難民たちが敦賀に上陸したというのは初耳だった。

　第二次大戦中、ドイツやソ連がポーランドに侵攻し、行き場のなくなったユダヤ人たちは日本経由で第三国へ脱出しようとした。そのためのビザを求めて、やってきたのが杉原がいたリトアニアの日本領事館だった。杉原は一人でも多くの命を救うために、手書きでビザを書き続けたという。

　施設内の展示では、過酷な状況を乗り越えて辿《たど》り着いた難民たちの当時の様子が紹介されており、興味を惹かれた。駅前の時計店では、お金のない彼らのために所持していた時計や指輪などを買い取ったのだそうだ。その際の時計の実物なども展示されていた。

人道の港敦賀ムゼウムは小さな施設だが、満足度は大きい。国内の史跡を訪れたのに、世界史についても学べるのは有意義だ。

外へ出てから緑地内を少し散歩した。すぐ目の前に広がる海をボーッと眺めていたら、海外がなんだか近くに感じられた。

46　敦賀赤レンガ倉庫

●住所：福井県敦賀市金ケ崎町4-1
●開館時間（ジオラマ館）：9時30分～17時30分（最終入館は17時）
●定休日：水曜日（祝日の場合は翌日）
●入館料金（ジオラマ館）：400円
●電話：0770-47-6612
●駐車場：有（60台）
●アクセス：JR敦賀駅からバス10分

愛知県新城市

47

長《なが》篠《しの》城《じょう》跡《あと》

織田・徳川連合軍が武田勝頼を破った「長篠の戦い」の舞台のひとつ。馬防柵を設置し、鉄砲を三段撃ちしたという信長の奇想天外な戦法（諸説あり）はあまりに有名だ。緑豊かな城内を散策した後は史跡保存館へ。武具などが展示されている。

●住所：愛知県新城市長篠字市場22-1
●開館時間：9時～17時（入館は16時30分まで）
●休館日：火曜（祝日の場合は翌平日）　●入館料金：220円
●電話：0536-32-0162　●駐車場：有（50台）
●アクセス：JR飯田線長篠城駅から徒歩8分

※以上、「長篠城址史跡保存館」情報

愛知県名古屋市

48

桶《おけ》狭《はざ》間《ま》古《こ》戦《せん》場《じょう》

桶狭間の戦いで討ち取られた今川義元の本陣があったとされる場所には諸説ある。中でも有力なのが豊明《とよあけ》市「桶狭間古戦場伝説地」と名古屋市「桶狭間古戦場公園」の二箇所。前者は国指定史跡で義元の墓が、後者は織田信長や義元の像が立つ。

●住所：愛知県名古屋市緑区桶狭間巻山2037
●開館時間：10時～16時
●電話：052-755-3593
●駐車場：有（5台）
●アクセス：名鉄有松駅からバス6分

※以上、「桶狭間古戦場観光案内所」情報

岐阜県岐阜市

49

岐《ぎ》阜《ふ》城《じょう》

信長によって改名される以前は稲葉山城と呼ばれた。ロープウェーを降りてからも、まだ少し歩いて登る。金華山の頂上に建つ天守からの眺望は素晴らしく、天下人になった気分に。下山する前に展望レストランでランチや小休止もオススメだ。

●住所：岐阜県岐阜市金華山天守閣18
●開館時間：9時30分～17時30分（季節により変動あり）
●入館料金：200円　●電話：058-263-4853
●アクセス：JR・名鉄岐阜駅からバス15分→徒歩3分の岐阜公園内から金華山ロープウェー→徒歩8分

三重県桑名市

50

六華苑《ろっかえん》

大正期に建てられた和洋折衷の邸宅が、ほぼ創建時の姿でいまに残る。洋館部分を設計したのは、鹿鳴館などを手がけたことで知られるジョサイア・コンドル。池泉《ちせん》回遊式の日本庭園も見事。NHK大河ドラマ『いだてん』のロケ地として使われた。

●住所：三重県桑名市大字桑名663-5
●開苑時間：9時～17時（入苑は16時まで）
●休苑日：月曜（祝日の場合は翌平日） ●入苑料金：460円
●電話：0594-24-4466 ●駐車場：有
●アクセス：JR・近鉄線桑名駅から徒歩20分

第7章　半日旅の心得

ドドンと勢いよく旅しよう!

そもそも、半日旅の定義とは何だろうか?

一日の半分だからと、「十二時間以内の旅」などと単純に表現してもいいが、厳密に時間で区切るのもなんだか違う気がする。情緒に欠けるというか、正直あまりおもしろくない。

そこで本書では、勝手ながら次のように定義づけることにした。

半日旅=思い立ってすぐに実行できる旅

旅は行きたいときが行きどきである。前もって計画を立て、用意周到に準備をするよりも、気持ちが盛り上がっているうちにサクッと行ってしまうほうがいいのではないか、というのが我が持論である。

大事なのは勢いだ。イキオイとカタカナで書いたほうが、さらに気分は伝わるかもしれない。ドドン！　と旅してしまう。もちろんダダン！　でも、ババン！　でも、何でもいい。とにかく高いテンションのまま旅モードへ突入する。これぞ旅を心から楽しむための秘訣である。

出発までのタイムラグが長ければ長いほど、熱は冷めてしまうものだが、この点は半日旅ならば心配無用だ。なにせ、発案してすぐに、極端な話、その日のうちにでももう実現可能である。行きたいなあと思った次の瞬間には、家を出る用意をすればいい。

突如思い立っただけに、良くも悪くもいい加減な旅になりがちなのは確かだが、それもまた醍醐味だ。むしろ、なりゆきに任せたほうが上手くいく。

出発した途端に雨が降ってきたり、駅へ着いたら事故で電車が止まっていたり、なんてちょっとしたハプニングに見舞われることもあるだろう。

それらもまた一興である。何か起きてもスパッと気持ちを切り替える。場合によっては目的地をその場で変更するのもアリだ。何か月も前から計画してきた旅とは違い、半日旅ならばたとえ失敗してもあきらめがつく。

とにかく本能のまま旅するべし。フットワークは軽ければ軽いほどいい。

優先すべきは時間や効率

日本は電車などの公共交通が時間に正確である。よく言われることだが、外国を旅してみるとその通りだなあと腑に落ちるものがある。

たかだか数分遅れただけで、

「お急ぎのところご迷惑をおかけして申し訳ございません」

などと、いちいち謝罪のアナウンスが流れるような国である。

おまけに大都市近郊は路線網が細かいし、本数も多い。交通インフラの充実ぶりは、半日旅のしやすさに直結する。急にどこかへ行こうと思い立っても、驚くほど簡単に目的地へ辿り着けるのは、素晴らしい環境だなあとしみじみ思う。

週末海外などもそうだが、短期旅行では効率が優先される。限られた時間をフル活用するためには、これは仕方がないことだ。

たとえばスマホの路線検索アプリを思い浮かべてほしい。アプリによって細かい機能は異なるが、大抵は検索結果で「到着時間順」「乗り換え回数の少ない順」「料金の安い順」などに表示を切り替えられるようになっている。

半日旅に限っていえば、調べるのは基本的に「到着時間順」である。

乗り換え回数は少ないほうが楽なのは確かだが、そもそも電車の乗り換えすら面倒、などというものぐさな人には向かない種類の旅だと思う。

また、料金は当然安いほうがうれしいわけだが、半日旅ならば多少高くても早く着いたほうがいい。お金で時間を買うような行為になるが……まあ、考え方次第だ。それこそ特急や、いざというときは新幹線なども積極的に活用していきたい。

さらにいえば、タクシーも惜しまず利用する。

大人の旅なのである。

行き先によっては、到着した駅からバスへの乗り換えが必要なところもある。電車と違ってバスは時間が読みにくいし、本数も限られる。ならば、多少出費がかさんでもタクシーでササッと移動してしまうのもアリではないだろうか。

どういうルートを辿れば、お目当てのスポットへ早く到着できるかを考える。迷ったときは、効率を優先した選択をすると上手くいく。

スマホは半日旅の必須ツール

半日旅で自分がよくやるのは、旅を思い立ったらまずおおまかな行き方だけ調べて家を出てしまう方法だ。そうして最寄り駅に着いて、電車に乗って落ち着いてからあれこれ調べ始める。移動時間を計画時間にあてると効率がいい。

我ながら行き当たりばったりだなあと呆れるが、いざ旅に直面してからの方が情報の収集意欲が高くなるのは確かだ。それにタイムリミットがあるため、ネットをだらだらと見て無駄な時間を過ごさなくて済む利点もある。

この「とりあえず出発してから調べる」スタイルが可能になったのはスマホのおかげだ。電波さえ入れば、どこにいても、移動中であっても常にオンライン状態なのは便利だ。とくに半日旅のような突発型の旅行ではありがたみが大きい。

我が旅はスマホ、およびネットへの依存度がやたらと高いのが特徴である。

具体的にどんな使い方をしているかというと、一番使うのはグーグルマップだろうか。アナログの時代もデジタルの時代も、旅に欠かせないツールとなるとやはり地図が筆頭候補となる。

グーグルマップは初期の頃と比較すると驚くほど進化を遂げた。ただ単に地図を確認するだけでなく、これ自体がひとつのプラットフォームとして機能している。ほかのツールとの連動も当たり前で、たとえばホテルをネットで予約すると、自動的にその場所がマップに記録され、行き方なども素早く表示できる。

スポットを調べるときも、最近ではウェブブラウザではなく、マップ上から直接検索をすることが多い。気になったスポットにはスターを付けていく。いわゆるお気に入り登録のような機能だが、旅を繰り返すうちに地図が星で埋め尽くされていくのが、まるで白地図から自分だけの地図を作るようでなかなか楽しい。

スマホの旅での活用は、それだけで一冊の本になるほどの大きなテーマで、実際に過去に自分もそういう本を書いたことがある。だからキリがないのだが、ここではもうひとつだけ、半日旅ならではの使い方を紹介すると、タクシーの配車アプリも重宝する。

大都市近郊とはいえ、郊外へ出れば出るほど街は閑散としてくる。田舎町であっても、駅前にはタクシーが客待ちしていたりするから行きは心配する必要はないのだが、一方で帰りは要注意である。

流しのタクシーなんてまず走っていない。バスも走っていない、あるいは時間が合わない、といった場合は途方に暮れてしまうのだ。解決策としてはタクシーを呼ぶしかないのだが、タクシー会社に電話をするにも、番号を調べなければならない。ならばアプリで近くのクルマを呼んでしまったほうが早い。

タクシーを呼び寄せると、リアルタイムに情報が更新されていく。

「あと七分で到着します」

見知らぬ土地の路上で独りぼっちで待っている身としては、画面に表示されるそんなメッセージが随分と心強く感じられるものだ。

電車で行くか、クルマで行くか

ここまでの話は公共交通手段での移動が前提となっているが、もちろんクルマで行く手もある。マイカーがある人は言うまでもないし、レンタカーやカーシェアリングを活用するのもアリだろう。

我が家の話をするならば、実は家族でお出かけをするときはほぼ百パーセント、クルマである。いまは小さな子どもがいるからそのほうが楽というのもあるが、子どもが生まれる前からうちではドライブ旅が基本スタイルだった。

クルマならば自分の好きなときに、好きなところへ行ける。途中で気になった場所があれば寄り道もし放題だ。荷物のことを気にしなくていいから、お土産なども気兼ねなく買える。

普段の行楽ならばいいことずくめなのだが、これが半日旅となると状況は変わってくる。クルマの旅には大きなデメリットがあるからだ。

それはやはり、時間が読めないことである。最大のネックは渋滞問題だろう。とくに週末であれば、道路の混雑は避けられない。目的地までの距離からは想像できないほど時間がかかることだって珍しくない。半日旅のように時間制限がシビアなケースでは、公共交通手段のほうが使いやすいのが正直なところなのだ。

本書では各スポットへのアクセス方法も紹介しているが、多くは電車やバスでの行き方についで書いている。僕自身がそれら公共交通で訪れているからだ。半日旅のときは一人旅のことも多いため、なおさら公共交通になびいてしまうという裏事情もある。

さらには、当然ながらクルマだと運転しなければならない。前述したように、半日旅だととりあえず下調べは後回しにして、家を出てしまうことがほとんどだ。ハンドルを握っていなければならないとなると、行きの道中でスマホで情報収集するようなやり方が通用しない。移動時間＝計画時間とするためには公共交通のほうが都合がいいのだ。

もちろん、絶対に公共交通がいいと主張したいわけではない。旅の目的や、そのときどきの気分や状況次第で最適な方法を選択するといいだろう。

電車＋カーシェアが最強

いっそのこと、電車とクルマを組み合わせる手もある。行けるところまで電車で移動し、最寄り駅から目的地までのアプローチにだけクルマを使う。半日旅に限っていえば、これこそが最も効率のいい移動方法といえるかもしれない。

その際に、活用すべきはカーシェアリングだ。会員登録さえしておけば、日本全国のステーションで簡単にクルマが借りられる。課金が十五分単位だったりするので、短時間でも気軽に利用できるのもうれしい。

レンタカーではなくカーシェアリングという点がポイントだ。借りるのに煩雑な手続きは不要だし、燃料代込みなので返すときに給油する必要もない。

何よりステーションの数が桁違いだ。大都市ターミナル駅はもちろんのこと、それほど大きな駅でなくても探せば割と見つかる。駅前のコインパーキングの中に設置されているパターンが多く、電車を降りてすぐにクルマへ乗り換えられるのは超便利だ。もちろん、当日でもスマホのアプリから簡単に予約可能である。

公共交通頼みの旅で最大の弱点ともいえるのが、最寄り駅から目的地までの移動手段だった。地方へ行けば行くほど交通の便は悪くなる。路線バスが出ているとしても本数が非常に少ないし、タクシーだと大抵は割高である。対してカーシェアならば、この弱点を克服できるというわけだ。

さらにはクルマでの半日旅の最大のネックである渋滞問題もこの方法でクリアできる。

渋滞するのは大抵は都市部や、高速などの幹線道路だったりするからだ。渋滞が予想される区間は電車で突破してしまえばストレスがない。

実は僕自身も最近はこの電車＋カーシェアというスタイルが増えている。使ってみてその利便性やコストパフォーマンスの高さに気がついた。マイカーがあるにもかかわらず、行き先によってはあえてカーシェアを選択するほどだ。目的地によってはクルマがないと明らかに不便な場所もある。効率を重視するならオススメの移動方法といえるだろう。

天候次第で行き先を柔軟に変える

旅を成功させるためには、臨機応変な現場判断が求められる。それは交通手段に限った話ではない。

たとえば、旅行当日にあいにくの天気に見舞われた場合。朝起きた時点では雨が降っていなくても、下り坂の天気予報ということもある。

雨天でも決行するか否か――。

最終的な判断は旅人各自の価値観によるものの、僕自身は雨の日に屋外のスポットへ行くのは躊躇する。傘をさしながら観光するとなるとモチベーションが落ちるのは正直なところだ。とくに海や山など、自然を目的とした旅ならば、心からは楽しめない可能性が高い。

こういうとき、自分ならサッサとあきらめる。無理して予定通り旅を強行するよりも、この際もう開き直って行き先を変更してしまうのだ。屋内のミュージアムやグルメスポットなど、雨でも楽しめる場所だってたくさんある。

柔軟に対応したいところだ。繰り返しになるが、やはり前もって準備してきた旅ではなく、突発的に思いついた半日旅だからこそ可能な芸当なのだともいえる。

そもそもどこへ行くか、という時点で、あらかじめ候補を複数用意しておくのもセオリーである。僕自身は行きたい場所をリスト化していたりもする。「行きたいリスト」という名で、ネットのクラウド上に保存している。

極端な話、行き先を決めるのは前日や、当日の朝でもいい。リストを眺めながら、そ

の日の天気予報をチェックしつつ、

「今日は三重だけ晴れているから、三重へ行こうかな」

などと、作戦を練るわけだ。

選択肢は多いに越したことはない。半日旅をライフワークとするのならば、日頃から行きたい場所を自分なりに整理しておきたいところだ。

いざというときは宿泊する手も

行き当たりばったりの旅は気楽な半面、思い通りにいかないこともままある。列車の本数が少なくて、上手く乗り継ぎできなかったり。家を出るのが遅すぎて、到着したらもう閉園寸前だったり。事前にきちんと計画を立てていれば防げるような間抜けな失敗ばかりなのだが、それを言い出したら元も子もない。ここまで書いてきたように、半日旅とはそういうものだからだ。

ここはやはり臨機応変に対応すべきである。あまりにも遅くなってしまったなら、予定を変更するのも手だ。行き先によっては、思い切って宿泊するのもアリだろう。半日旅だからといって、必ずしも日帰りにこだわる必要はない。

国内でホテルの当日予約をするときには、ちょっとしたコツがある。個人的に心がけていることと言い換えてもいい。それは何かというと、遅くても午後三時頃までには予約を済ませるということ。

当日予約のニーズ自体は一定数あるようで、スマホで空き状況を見ているといい部屋から順に埋まっていく。どうしようか迷っているうちに、さっきまで表示されていた部屋がなくなってしまった……なんてことも珍しくない。

僕の経験上、午後三時を過ぎると急速に部屋が埋まり始める実感がある。三時というのは、多くの旅館やホテルでチェックインが始まる時刻でもある。決めるなら早ければ早いほどいいのだが、ひとまずの目安とするといいだろう。

とにかく空室さえあれば、スマホでその日の宿も簡単に予約できる。

「いや、でも、着替えがないし……」

と言うなら、道中どこかで調達すればいい。見知らぬ街で服を買う行為もまた新鮮な体験になるかもしれない。偶発的な要素に翻弄されてみるのも旅の醍醐味だ。そのほうがかえって非日常感を味わえたりもする。

要するに、なりゆきにまかせようということだ。元々無計画な旅なのだから、とことん思いつきで行動するほうが理に適っている。予定調和な旅ほどつまらないものはない。

海外旅行好きが好きな日本旅行

僕の場合、国内旅行を始めたきっかけは海外旅行だった。世界を旅していると、逆に自分が住む国のことが気になってくるのは不思議だ。

海外旅行のときと近い目線で我が国を旅してみると、改めて日本は素晴らしい旅先だなあとしみじみする。歴史のある文化財は豊富だし、四季折々の自然も美しい。食文化は多様だし、工芸品なども地域ごとの特色があって飽きない。

本書で紹介したスポットは、著者である僕の嗜好が百パーセント反映されたセレクションとなっている。なるべく偏らないように心がけたつもりだが、それでもどうしても選び方に傾向のようなものは出てくる。それらの一部は自己分析するならば、次のような表現で言い表すこともできる。

——海外旅行好きが好きな日本旅行

訪日外国人旅行者になったつもりで旅してみるのもおもしろい。母国という色眼鏡を外し、「ジャパン」という数ある国のひとつとして向き合ってみる。

他国と比較するのが必ずしもいいとは思わないものの、相対的に日本の良い点や悪い点が見えてくるのは確かだ。

例を挙げると、ぎふ長良川の鵜飼（66ページ）や伊賀流忍者博物館（215ページ）などは、まさにそんな視点で取り上げたスポットといえるだろうか。両者共に、行ってみたら外国人の姿を数多く見かけた。日本人からすれば当たり前すぎて見過ごしがちな美点も、外国人だからこそ気が付くのではないか。

また、日本にいながらにして異国気分に浸れるような場所も自分好みだ。現地まで足を運ぶ余裕がないときに、とりあえず疑似体験ができるスポット。これも例を紹介すると、野外民族博物館 リトルワールド（184ページ）がまさに該当する。

海外旅行は好きだけど、国内旅行には興味がない（あるいは、興味がなさそう）という人は僕の周りにも案外多い。本書はそういう人たちにこそぜひ読んでいただきたい一冊だったりもする。

芋づる式に次の行き先が決まる

行きたいところへ行く——これがベストである一方で、行きたいところが多すぎて一箇所に絞れない、なんてケースも実際にはあるだろう。逆に行きたいところがとくにない人や、どこでもいいから楽しそうな場所へ行きたい人などもいるかもしれない。迷ったときはどうすればいいか。

旅先の選定方法について、僕自身が重視していることを紹介する。

それは何かというと、物語性である。

以前に北海道へ「さっぽろ雪まつり」を観に行ったときのことだ。とくに印象に残ったのは沖縄ブースだった。会場内では雪像以外にもさまざまな出展があって、企業や自治体などが各々のブースを出している。沖縄ブースというのはそのうちのひとつで、沖縄県が沖縄観光をPRするために出展していたものだ。

雪まつりが行われるのは屋外だが、真冬の北海道は尋常じゃない寒さである。ブルブル震えながら屋外で雪と戯れているときに、暖かい南国＝沖縄が目の前に現れると、狂おしいまでに愛おしく思えてくるのだ。

中に入ってみたら、ミス沖縄の美女がマンツーマンで案内をしてくれた。パンフレットを一式渡してくれて、一緒に記念写真も撮ってくれた。そのまま会話の流れで、なんとなく聞いてみたのだ。

「沖縄の離島だと、どこがおもしろいですか？」

「そうですねえ、これからの季節だと伊江島《いえじま》はいいですよ」

伊江島は沖縄本島北西部近くに浮かぶ島である。美《ちゅ》ら海《うみ》水族館からも島影を遠くに望める。なんでも、春になると百合の花が咲き乱れるのだという。

この話をしてから約一ヶ月後、僕は伊江島に足を踏み入れていた。きっかけはもちろん、雪まつりのその一件である。興味を覚えたので、そのまま勢いで訪れてみたわけだ。

物語性というのは、つまりはこういうことだ。

ただ漠然と旅をするのではなく、次の旅へと続くとっかかりを見つけられると深みが増してくる。旅を別の旅へ関連付けていくようなやり方である。

北海道から沖縄というのは極端だが、あえてわかりやすい例として紹介した。もちろん、半日旅でも同様のやり方が通用する。エリアが限定されるぶん、むしろその種の繋がりが生じやすいはずだ。

きっかけは些細なことでいい。たとえば列車の駅も情報の宝庫だ。置いてあるパンフレットや、構内に貼られたポスターなどから次の旅のヒントが得られたりもする。あるいは路線図を眺めているうちに、とっておきのアイデアが思い浮かぶかもしれない。

どこかを旅することで、新たな旅のきっかけが生まれる。そうして芋づる式にどんどん繋がっていく。しつこいようだが、やはり自然な流れに身を任せるのがいい。

最新スポットよりも最旬スポットへ

名古屋へプチ移住してみて、「いいなあ」と思ったのが、自然の豊かさだ。洗練された大都市でありながら、少し足を延ばせば海や山が広がっている。とくに半日旅のような時間の限られた旅ではこれは大きな魅力だ。

歴史系スポットの充実ぶりにも目をみはるものがある。それも、戦国時代にまつわる名所が目白押しであることに個人的に魅力を感じた。さすがは信長、秀吉、家康の三英傑が生まれた地だけのことはある。本書では「城・世界遺産・史跡」という章を設けているが、今回はいつにも増して戦国関連のスポットが多くなった。

補足するならば、世界遺産だけでなく「日本遺産」にも注目するといい。これは二〇一五年に始まった新制度で、文化庁が認定するものだ。誰もが知っている有名観光地というよりも、知る人ぞ知る穴場のようなところが中心なので、旅先選びの参考になる。

旅先にも流行り廃りのようなものはあって、行き先を比較検討する際に影響力を持つ。「過疎っている」場所よりも、活気のあるところのほうが気になるのは正直なところだ。とはいえ、新しければいいというものでもない。

個人的に意識しているのは、最新スポットではなく最旬スポットである。イベントに参加するような感覚とも似ている。SNSで友だちが話題にしていたところや、昔ながらの観光地がいまになってブーム再燃と聞くと、俄然興味を覚えたりもする。

自分の中で裏テーマのようなものを設定するのもいいだろう。本来の目的とは別に、ついでに達成したいもの。サブテーマや、おまけ要素と言い換えてもいい。

僕が意識しているのは「食べること」だ。基本的に食いしん坊なので、旅先ではその地の名物料理を味わいたい。行き先の候補を絞りきれないときは、美味しいものにありつけるかどうかもまた一つの判断材料となる。

おまけ要素といっても、それはときには旅のメインテーマにもなり得るものだ。本書でも欲望まみれの旅を随所で紹介している。美味しいものだらけで、食べ歩きが楽しいというのもまた名古屋に住んでみて抱いた感想の一つだ。

無理に遠出する必要はない

欲張りな性格だからか、旅をする際には気分的に遠出したくなる。移動という行為自体が別に苦じゃないので、時間的に可能なのであればどんなに距離が離れていても気にしない。普段の生活圏から離れれば離れるほど、非日常が味わえるのではないか、などという思考をしてしまうタイプだ。

日帰りの半日旅であっても同様で、つい遠くへ、遠くへとなりがちである。本書で取り上げたスポットも、中には移動時間がやや長めのものもある。

「えっ、こんなところまで半日で行けるの？」

そんな風に疑問を覚える人も、もしかしたらいるかもしれない。

誤解をされないよう念のため書いておくと、一方で必ずしも遠出する必要はないのだとも思っている。いや、思うようになった、と書くべきだろうか。

いつも目にしているのに素通りしていた場所、近すぎて見向きもしなかった場所へ意識的に足を向けてみる。すると、これが案外悪くなかったりする。

自分が住んでいる地域を、改めて見直すような旅もいい。自宅の近くにも意外と素敵スポットがあったりするものだ。まさに、灯台下暗しなのである。

最近は、時間ができたら自転車で近隣をぶらぶら巡るという活動をするようになった。

行き先はさまざまだが、空間が広くて、自然に触れられそうな場所が中心だ。

グーグルマップの地形図で緑色の部分を拡大すると、ナントカ公園とか、ナントカ緑地みたいな名前が表示されたりする。タップすると写真やクチコミも表示される。それらを見て、ビビビッと自分の中のセンサーが反応したら行ってみるというわけだ。

すると、結果的に当たりということも多い。穴場を見つけると、得した気分になる。

「へえ、こんなおもしろいところがあったんだ！」

という驚きが、やがて快感になってくる。

仮にはずれだったとしても、その場所に辿り着くまでの道中が楽しめたりする。少年時代に戻ったかのようなワクワク感が得られる、とでもいえばいいか。あの頃は見知らぬ道を自転車で走るだけでも、ちょっとした冒険だった。

家から自転車で行けるような距離を旅と呼んでいいのかという問題はあるが、これは考え方次第だろう。他人がどう思おうが、自分自身が納得できるのならそれでいいはずだ。遠出する旅は楽しいが、遠出するだけが旅ではない。

おわりに

名古屋に住んでみた！

初めて名古屋を訪れたのは、大学一年生のときだった。同地出身のサークルの先輩が実家に帰省するというので、ついでに連れて行ってもらったのだ。プロ野球チームで一番好きなのは子どものころからずっとドラゴンズだったりして、実は名古屋に対して個人的に憧れを抱いていたから、先輩に誘われて二つ返事で飛びついた。

そのときは東京からクルマを運転して、東名高速をひた走り西へ向かった。細かい旅の記憶などはもはや朧《おぼろ》気《げ》だが、東京と比べると道路の幅が広いことに驚いたのと、山本屋本店で食べた味噌煮込うどんがあまりに自分好みの味だったことは覚えている。

名古屋へ住んでみたのは、それから二十年以上の月日が経った二〇一九年末のことだった。妻や娘たちを連れ、同じく東京からクルマで出発した。東別院のマンションに入居し、そのままそこで年を越した。ちょうど年末年始に重なったので、柳橋中央市場で食材を買い込んだり、大須観音《おおすかんのん》に初詣をしたりとローカル気分で楽しんだ。

「住んでみた」とはいえ、永住ではなく短期間の「プチ移住」だ。いわば、お試しのような感じなのだが、我が家ではこの刹那的なライフスタイルもはや定番化してきている。沖縄、京都、福岡に続き、今回の名古屋で四度目なのだ。

なぜ名古屋にプチ移住することにしたのかというと、本書の取材が目的だった。別に東京に住みながらでも、本の制作自体は可能だ。けれど、読者の大半は名古屋やその近郊にお住まいの方々だから、同じ目線で旅しないとリアリティに欠ける。ならば、ここはやはり名古屋を拠点とするのが筋だろうと考えたわけだ。

これまでも同様の発想で、『京阪神発 半日旅』『福岡発 半日旅』を現地にプチ移住しながら制作してきた。それらの元となった『東京発 半日旅』も加えると、半日旅シリーズは本書でかれこれもう第四作目となる。

四作目ともなるとだいぶこなれてきた部分がありつつも、一方でマンネリ化しないかと密かに心配していたのも正直なところだ。しかし、実際に取材を始めてみると、それは杞憂に終わった。地域が変わるだけでも新鮮だったし、何より名古屋周辺には自分が思っていた以上に魅力的な場所が多かったからだ。

紹介しているスポットは過去作を踏襲し、テーマ別に章分けしている。掲載順は訪問順ではないのだが、ここで裏話をすると一番最初に訪れたのは「関ヶ原」だった。自分の得意ジャンルから攻めてみるのは我が旅のセオリーなのだが、天下分け目の合戦の地にあやかりつつ気合を入れようという魂胆もあった。自分にとっては、本の制作もまたある意味で一大勝負だからだ。

ちなみに、前述した初めての名古屋訪問時にも、その先輩と一緒に関ヶ原を訪れている。西軍贔屓《ひいき》という気持ちは当時から変わっていない。名古屋周辺には名高い合戦の舞台が目白押しで、戦国好きにはたまらない土地だなあと改めて感じた。

いずれにせよ、取材場所を選定するうえでは、筆者である自分の嗜好が百パーセント反映されている。ただ単に、行きたいところに行ってきただけのことだ。逆にいえば、行きたくないところへは行っていないし、行ってはみたもののイマイチだった場所は紹介していない。

本書で紹介したスポットは全部で五十箇所。これを県ごとに整理すると、愛知県二十四箇所、岐阜県十箇所、三重県九箇所、滋賀県三箇所、静岡県二箇所、福井県二箇所となった。とくに意図はなく、なりゆきでそういう内訳になったのだが、約半分が愛知県で、ほかは岐阜県と三重県が多めという結果はまあ妥当なところだろう。

やはり「日帰り」ではなく、「半日」という点が大きい。行ける範囲が限られるから、どうしても近場が中心となってくる。名古屋を起点とするならば、必然的に愛知県内を旅する機会が多くなるというわけだ。

しかしながら、それはそれでいまの時代に合っているようにも思える。これは「第7章　半日旅の心得」でも書いたが、無理して遠出する必要はないのだ。

——近くても、短時間でも、充実した旅ができる。

これこそが本書で最も伝えたいメッセージだったりする。自分が住む地域を見直すのは大変有意義だし、半日旅はきっとそのきっかけになるはずだ。

最後に補足しておくと、今回もすべて現地へ足を運んだうえで原稿にまとめている。行って書く——当たり前の話なのだが、誤解されないよう念を押したい。

また写真に関しても、いつも通り原則的に自分が撮ったものを掲載しているが、一部諸事情あって取材先からご提供いただいたものを使用している。該当する写真にはその旨、権利表記をしているのでここでいちおう断っておきたい。

最後に謝辞を。担当編集の内田克弥さんには今回も大変お世話になりました。前作『福岡発 半日旅』のこの欄で、関東、関西、九州とシリーズが続いてきたので、

「こうなったら日本全国を制覇しましょう！」

などという話をしていると書いたのだが、名古屋編を今回出せたことで、その夢にまた一歩近づけたかもしれない。といいつつ、次こそは千葉を！　と密かに狙っていたりもするのだけれど（しつこい？）。

ともあれ、まだまだ半日旅を盛り上げていければと願っている。では、また！

二〇二〇年七月十五日　生まれて初めて小説を書きました

吉田友和

26. 鳳来寺（P146）
27. 八百富神社［竹島水族館］（P157）
28. 猿投神社（P163）
29. 多賀大社（P170）
30. 多度大社（P178）
31. 桃太郎神社（P179）
32. 日龍峯寺（P180）
33. 白山宮境内社 足王社（P181）
34. 野外民族博物館 リトルワールド（P184）
35. 多治見市モザイクタイルミュージアム（P197）
36. 浜松市楽器博物館（P206）
37. 伊賀流忍者博物館（P215）
38. 南極観測船ふじ（P225）
39. 岡崎市美術博物館（P226）
40. 三河工芸ガラス美術館（P227）
41. 日本大正村（P228）
42. めがねミュージアム（P229）
43. 関ヶ原（P232）
44. 苗木城跡（P246）
45. 斎宮（P256）
46. 敦賀赤レンガ倉庫（P265）
47. 長篠城跡（P274）
48. 桶狭間古戦場（P275）
49. 岐阜城（P276）
50. 六華苑（P277）

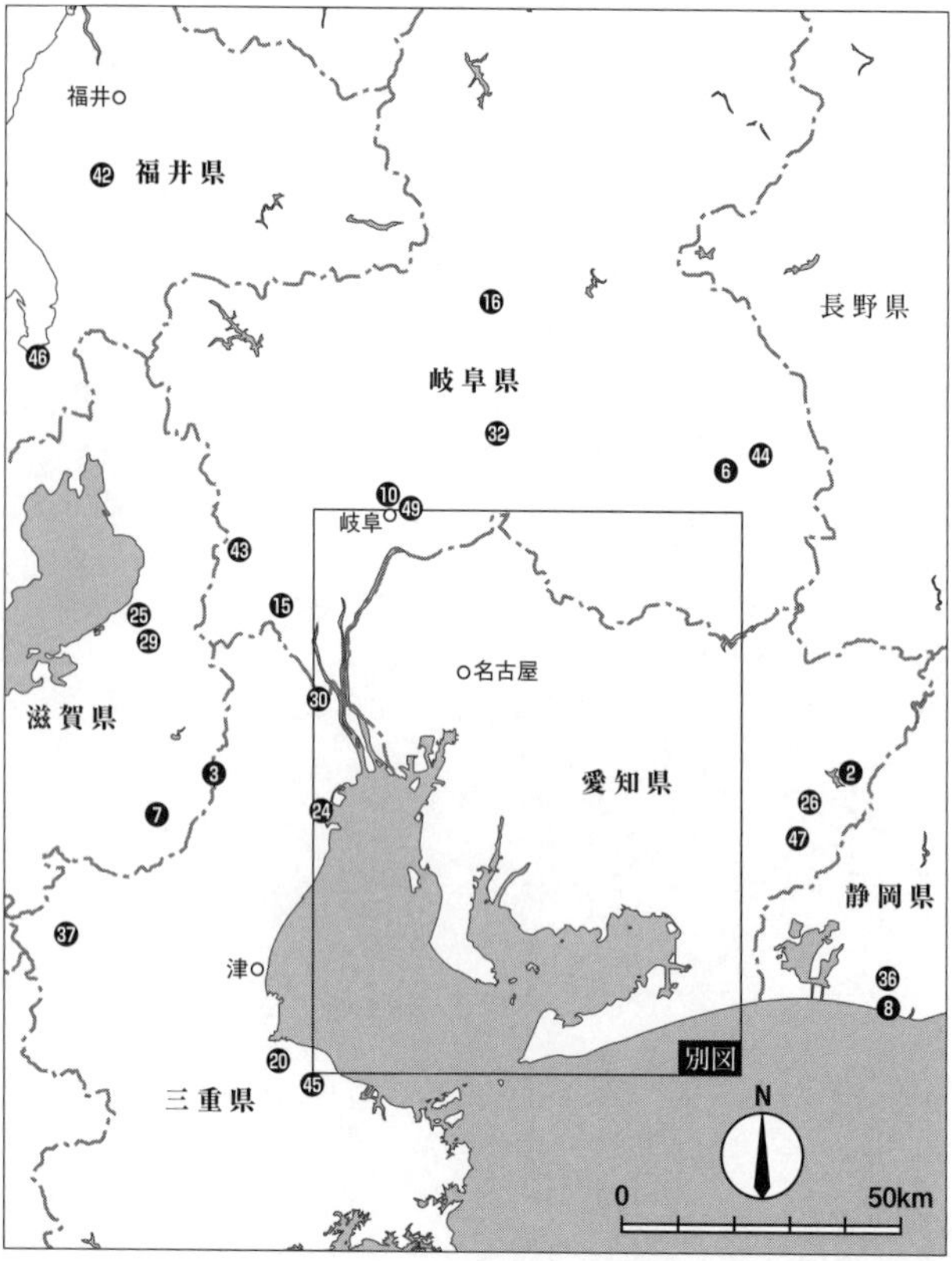

「名古屋発 半日旅」掲載場所一覧地図

1. 日間賀島（P16）
2. 乳岩峡（P26）
3. 御在所岳（P36）
4. 猪高緑地（P45）
5. 国営木曽三川公園 138タワーパーク（P51）
6. 恵那峡（P52）
7. 青土ダム（P53）
8. 中田島砂丘（P54）
9. 佐久島（P56）
10. ぎふ長良川の鵜飼
[鵜飼観覧船事務所（のりば）]（P66）
11. なばなの里（P77）
12. 瀬戸［瀬戸蔵ミュージアム］（P87）
13. 常滑やきもの散歩道（P96）
14. 尾張温泉東海センター（P97）
15. 養老天命反転地（P98）
16. 郡上おどり［郡上八幡観光協会］（P99）
17. うみてらす14（P100）
18. 八丁味噌（P102）
19. ミツカンミュージアム（P112）
20. 松阪の焼肉［一升びん 宮町店］（P120）
21. 渥美メロン［ニュー渥美観光］（P129）
22. 一色うなぎ［うなぎの兼光］（P140）
23. 豊橋カレーうどん
［玉川 豊橋広小路本店］（P141）
24. とんてき［三重県四日市市］（P142）
25. 近江ちゃんぽん
［ちゃんぽん亭総本家 彦根駅前本店］（P143）

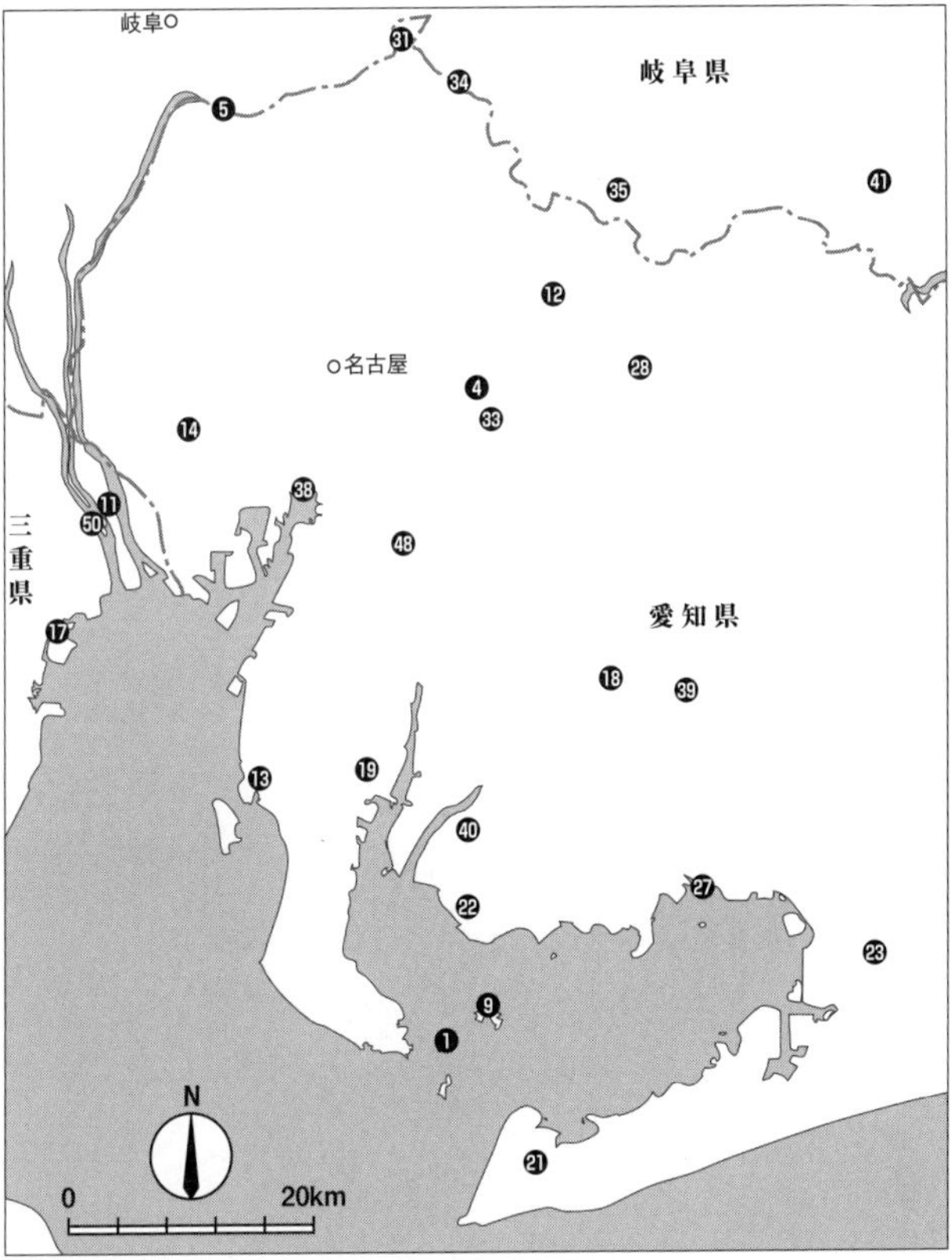

名古屋発 半日旅

著者 吉田友和

2020年10月1日 初版発行

吉田友和（よしだ・ともかず）
1976年千葉県生まれ。出版社勤務を経て、2002年、初海外旅行ながら夫婦で世界一周を敢行。2005年に旅行作家として本格的に活動を開始。国内外を旅しながら執筆活動を行う。ここ数年は、「宿泊を伴わない短い旅ながら、思い出として自分の中に残り、結果的に日々の生活にいい刺激となる」〝半日旅〟にも力を入れている。『3日もあれば海外旅行』『10日もあれば世界一周』（ともに光文社新書）、『世界も驚くニッポン旅行100』（妻・松岡絵里との共著、PHP研究所）をはじめ、滝藤賢一主演でドラマ化もされた『ハノイ発夜行バス、南下してホーチミン』（幻冬舎文庫）など著書多数。2020年に『修学旅行は世界一周！』（ハルキ文庫）で小説家デビューも果たした。

発行者 横内正昭
発行所 株式会社ワニブックス
〒150-8482
東京都渋谷区恵比寿4-4-9えびす大黒ビル
電話 03-5449-2711（代表）
03-5449-2734（編集部）

カバーデザイン 小口翔平＋三沢 稜（tobufune）
本文・DTP 斎藤 充（クロロス）
地図 千秋社
写真 吉田友和
校正 玄冬書林
編集 内田克弥（ワニブックス）

印刷所 凸版印刷株式会社
製本所 ナショナル製本

ISBN 978-4-8470-6644-3
ワニブックスHP http://www.wani.co.jp/
WANI BOOKOUT http://www.wanibookout.com/
WANI BOOKS NewsCrunch https://wanibooks-newscrunch.com/